KARINE FRIBAUD

Don Juan (

Du même auteur aux Éditions Payot

Volonté et psychothérapie, *1976.*
Le traumatisme de la naissance, *1976.*
Le mythe de la naissance du héros, *1983.*
L'art et l'artiste, *1984.*

Petite Bibliothèque Payot /23

Otto Rank
Don Juan et Le double

Traduit de l'allemand
par le Dr S. Lautman

Cet ouvrage (titre original : *Don Juan und Der Doppelgänger*) paru initialement aux Éditions Denoël en 1932, a été repris dans la Petite Bibliothèque Payot en 1973.

Avant-propos

Les deux études réunies ici sous un même titre et inspirées, l'une par la projection d'un film, l'autre par une représentation à l'Opéra de Vienne, ont, quoique écrites à huit années d'intervalle (1), une étroite corrélation entre elles. Dans l'une comme dans l'autre, il est question de problèmes, remontant aux origines les plus reculées de l'homme, qui continuent à exercer sur l'art une influence de premier plan. Nous nous efforcerons de démontrer que cette influence découle d'un sentiment profondément ancré dans l'âme humaine, à savoir : les relations de l'individu avec son propre Moi et la menace de sa destruction complète par la mort, que l'homme essaye d'annihiler par toute cette série de Mythes basés sur la croyance en son immortalité que la religion, l'art et la philosophie lui offrent pour le consoler.

Pour chacune de ces deux études, qui paraissent présentement réunies dans cette traduction française, nous étions partis de points de vue différents et c'est sans le vouloir que nous avons été amenés à des conclusions identiques. Le lecteur aurait pu mieux voir le lien qui unit le « Double » au « Don Juan » si nous avions eu à écrire maintenant ces deux études; mais nous n'avons pu procéder qu'à une refonte partielle.

(1) *Le Double* a été écrit en 1914 et *Le Personnage de Don Juan* en 1922.

Un des résultats les plus étonnants de ces recherches a été la conviction que l'artiste créateur est, au point de vue psychologique, le continuateur du héros tel qu'il a vécu dans l'humanité préhistorique. Cette constatation explique comment l'artiste, pendant les grandes périodes créatrices de la culture, remplit la fonction sociale du héros antique qui lui fournit toujours le sujet et le modèle.

LE DOUBLE

1. Le problème du Moi

Partout où j'ai voulu dormir,
Partout où j'ai voulu mourir,
Partout où j'ai touché la terre,
Sur ma route est venu s'asseoir
Un malheureux vêtu de noir,
Qui me ressemblait comme un frère.

MUSSET.

Le thème du Double, comme la plupart des grands thèmes de la littérature, n'est pas nouveau. Il a eu ses périodes de faveur et de défaveur. De même que la haine entre frères a été un thème typique de la littérature allemande à la fin du XVIIIe siècle, ou l'amour incestueux entre frères et sœurs à la période de Jacques Ier en Angleterre, de même c'est à l'époque du romantisme que fleurit le problème du Double en Allemagne. Les premières manifestations de ce thème remontent, comme presque toujours en littérature, aux temps reculés du folklore, de la superstition ou de la naissance des religions. Mais avant de remonter à ces sources du problème du Double et d'en décrire l'épanouissement pendant la période du romantisme, il paraît utile d'étudier, en matière d'introduction, comment les auteurs modernes envisagent ce problème. En effet, ils aiment à traiter leur sujets du point de vue psychologique, ce qui nous les rend plus intelligibles et plus intéressants. De plus, les auteurs qui veulent traiter aujourd'hui le sujet du Double ont à leur disposition un procédé, le cinéma, qui tout en donnant à ce thème une réalité insoupçonnée jusqu'à ce jour, ne lui ôte rien de son caractère angoissant.

Nous hésitons d'autant moins à commencer cette étude par l'analyse du film *L'Étudiant de Prague*, que précisément c'est une représentation de ce chef-d'œuvre de l'art cinématographique, à laquelle nous avons assisté il y a bien des années, qui nous a suggéré l'idée de notre travail. Ce film, adapté pour le public français, a été représenté il y a deux ans à Paris, ce qui rendra notre introduction plus familière à quelques lecteurs français (1).

On pourrait s'étonner que le cinéma ose représenter des sujets qui appartiennent au domaine de la vie intérieure, exclusivement, mais le cinéma ressemble sous beaucoup de rapports au rêve dans lequel certains faits, au lieu de rester dans l'abstrait, prennent des formes familières à nos sens. Du reste, une telle étude offre encore un autre avantage. Souvent un auteur moderne arrive, par son intuition, à retrouver le véritable sens d'un vieux sujet devenu incompréhensible au cours des siècles (2).

Mais essayons d'abord de fixer les scènes du film de Hans Heinz Ewers, fugitives comme des ombres mais très impressionnantes.

Balduin, un étudiant de Prague, léger, excellent escrimeur, a dilapidé sa fortune. Mécontent de la veulerie de son existence, il quitte ses compagnons de fête et parmi eux la danseuse Lyduschka. Un vieillard mystérieux l'aborde et lui demande l'aumône. En cheminant à travers la forêt avec cet aventurier mystérieux, Scapinelli, Balduin est témoin d'un accident de chasse survenu à la jeune comtesse de Schwarzenberg. Il la sauve d'une chute dans l'eau. Invité au château, il y rencontre le baron Waldis Schwarzenberg, cousin et fiancé de la comtesse. Très

(1) Le premier film traitant du Double appartient au romancier allemand Hans Heinz Ewers. L'acteur Paul Wegener, qui par sa présentation du Golem s'est fait une réputation, jouait le rôle du Double. Dans le film français, présenté par Henrik Galln, le rôle de l'Étudiant de Prague était tenu par Konrad Veidt.

(2) Voir l'étude sur Don Juan qui fait suite à celle-ci.

gauche en société, Balduin se retire honteux... Mais l'impression qu'il a faite sur la comtesse est telle que depuis ce moment elle témoigne de la froideur à son fiancé.

Dans sa chambre, devant une grande glace, Balduin s'exerce à des poses d'escrime. Mais bientôt il abandonne ces exercices et se livre à de tristes réflexions sur sa situation. Scapinelli paraît et lui offre une fortune à condition que, par un contrat, il lui laisse emporter de sa chambre ce qui lui plaira. En riant, Balduin lui montre les murs nus, l'installation sommaire, et signe gaiement le contrat. Scapinelli fait mine de chercher dans la chambre, ne trouve rien jusqu'à ce qu'enfin il montre à Balduin son image dans la glace. Balduin, croyant d'abord à une plaisanterie, accepte volontiers, mais est horrifié quand il voit que son deuxième moi se détache de la glace et suit le vieillard dans la rue.

Devenu riche et élégant, le pauvre étudiant d'autrefois a trouvé accès dans les cercles où il peut revoir sa comtesse adorée. Pendant un bal, il a même l'occasion de lui déclarer son amour sur la terrasse du château. Cette idylle au clair de lune est interrompue par l'arrivée du fiancé de la comtesse. De son côté Lyduschka a épié la scène et, déguisée en marchande de fleurs, poursuit Balduin. Mais bientôt Balduin est arraché à ses rêves amoureux par l'apparition de son reflet appuyé à une colonne de la véranda. Il n'ose pas en croire ses yeux. L'arrivée de quelques amis le tire de sa stupéfaction. Avant de quitter le château, Balduin glisse dans le mouchoir que la comtesse a laissé tomber, un billet où il lui donne rendez-vous pour la nuit suivante au cimetière juif. Lyduschka suit la comtesse jusque sans sa chambre pour connaître le contenu du billet, mais ne trouve que le mouchoir et l'épingle de cravate de Balduin dont il s'était servi pour fermer la lettre.

La nuit suivante la comtesse se hâte au rendez-vous. Lyduschka, qui la rencontre par hasard, la suit comme son ombre. Balduin et la comtesse se promènent par un magnifique clair de lune dans le cimetière désert. Ils s'arrêtent sur un monticule et Balduin s'apprête à donner à la comtesse un premier baiser, quand brusquement il s'arrête et regarde fixement son double qui vient de surgir de derrière une pierre tombale. Pendant que la comtesse effrayée par cette apparition s'enfuit, Balduin essaye, mais en vain, de saisir le spectre qui disparaît brusquement.

Entre-temps, Lyduschka a porté le mouchoir de la comtesse et l'épingle de cravate de Balduin au baron Waldis de Schwarzenberg. Celui-ci provoque Balduin en duel, malgré tous les conseils de prudence qui lui sont donnés, conseils dictés par la réputation d'escrimeur de Balduin. Le vieux comte de Schwarzenberg, qui est déjà l'obligé de Balduin pour le sauvetage de sa fille, se voit contraint de lui demander d'épargner son futur gendre, seul héritier du nom. Après quelques hésitations, Balduin donne sa parole d'honneur de ne pas tuer son adversaire. Mais en se rendant au duel, Balduin rencontre dans la forêt sa propre image, tenant une épée ensanglantée qu'elle est en train d'essuyer. Avant même d'arriver à l'endroit fixé pour le duel, Balduin voit de loin que son ancien moi a déjà tué l'adversaire.

Son désespoir augmente quand il se voit refuser l'entrée du château. C'est en vain qu'il essaye d'oublier son amour dans la boisson. Au jeu de cartes son double lui fait vis-à-vis. Lyduschka essaye sans succès de l'attirer. Il faut qu'il revoie la femme qu'il aime. Il se glisse la nuit par le même chemin que Lyduschka a suivi avant lui, dans la chambre de la comtesse, qui ne l'a pas encore oublié. Il se jette, sanglotant à ses pieds. Elle pardonne et leurs lèvres se rencontrent pour un premier baiser. Mais en se tournant par hasard vers une glace, la comtesse voit qu'à côté de sa propre image, celle de Balduin manque. Effrayée elle lui en demande la raison. Mais, tandis que honteux, Balduin cache son visage, son image grimaçante apparaît dans la porte. La comtesse s'évanouit et Balduin s'enfuit épouvanté. Dorénavant cette ombre horrible le poursuivra partout. Il fuit à travers rues et ruelles, fossés et montagnes, prairies et forêts. Enfin il rencontre une voiture, saute dedans et incite le cocher à s'en aller au plus vite. Après une longue course folle, Balduin se croit sauvé, quitte la voiture, et quand il veut le payer reconnaît dans le cocher sa propre image. Affolé il se sauve, dans tous les coins il retrouve ce spectre. Il est obligé de passer devant lui pour se réfugier dans sa maison. Il barricade les portes et les fenêtres, et charge ses pistolets pour en finir avec la vie. Au moment d'écrire son testament, il voit de nouveau devant lui son double grimaçant. Fou de rage, Balduin saisit son pistolet et tire sur le fantôme qui disparaît subitement. Libéré, Balduin exulte de joie, se croyant débarrassé de tout tourment. Il enlève rapidement les épaisses couvertures qui voilaient une glace et, pour la première fois depuis longtemps, ose se regarder dans le miroir. Au même moment, il ressent une violente douleur dans la poitrine, du côté gauche, voit que sa chemise est pleine de sang et s'aperçoit qu'il a tiré sur lui-même. Foudroyé il tombe mort et Scapinelli apparaît, et, en ricanant, déchire le contrat sur le cadavre.

La dernière scène nous montre le tombeau de Balduin, recouvert d'un énorme saule pleureur. Sur la tombe est assis le double, tenant un oiseau noir, le fidèle compagnon de Scapinelli. Enfin, comme explication, on peut lire sur l'écran les beaux vers de Musset :

> Où tu vas, j'y serai toujours,
> Jusques au dernier de tes jours,
> Où j'irai m'asseoir sur ta pierre.

Le programme distribué à la représentation du film ne nous laisse pas longtemps dans l'incertitude sur le sens de ces événements mystérieux. Le passé d'un homme est intimement lié à son être et devient son malheur s'il essaye de s'en détacher. Ce passé est représenté dans le film par l'image de Balduin et par la figure énigmatique de Lyduschka, qui a passé avec lui ses années de jeunesse. Cette explication est certainement juste, mais elle n'épuise pas l'idée fondamentale du sujet, ni ne justifie l'impression profonde que subit le public. Beaucoup de faits restent incompréhensibles, comme par exemple cette apparition du double mystérieux juste au moment de chaque tête-à-tête amoureux, apparition qui n'est visible que pour la comtesse et Balduin. Cette apparition se fait d'autant plus horrible que l'amour devient plus intense. Au premier aveu, sur la terrasse, l'image paraît pour ainsi dire comme un avertisseur tranquille. Au cimetière, pendant la scène d'amour au clair de lune, elle empêche le baiser que les deux amoureux veulent échanger et, quand enfin ils veulent sceller leur réconciliation définitive, le fantôme sépare brusquement et pour toujours les amants.

Ces scènes d'amour interrompues, la figure énigmatique de Lyduschka à laquelle Balduin ne prête aucune attention, signifient l'impuissance du héros à aimer. C'est son propre moi qui empêche Balduin de donner le baiser. L'image de Balduin le suit jusque chez sa maîtresse. Lyduschka, personnifiant l'ancienne vie amoureuse, suit la comtesse comme son ombre ; ainsi les deux ombres s'interposent entre le couple amoureux.

En dehors de ces traits énigmatiques, il faut encore expliquer pourquoi le passé est représenté par l'image de Balduin, devenue indépendante. Surtout on ne comprend pas par le simple moyen de la raison, pourquoi la perte de sa propre image a des suites si graves pour le moral du héros et on comprend encore moins la façon bizarre dont il meurt.

Le spectateur a l'impression vague, mais forte, que des problèmes profonds de l'âme humaine sont ici en jeu.

La technique du cinéma, qui permet de représenter en images des états d'âme, nous fait sentir d'une façon nette et même excessive que c'est le grave problème du rapport de l'homme vis-à-vis de son moi qui nous est présenté ici sous une forme spécialement dramatique.

Pour comprendre l'importance de ce problème fondamental, il nous faut étudier comment des sujets analogues ont été traités par les précurseurs et les contemporains de l'auteur, et comment ils se présentent dans le folklore et dans les mythes. On verra que ce sujet remonte à la plus haute antiquité, qu'il a trouvé, chez quelques poètes particulièrement doués, une expression fidèle de son véritable sens, souvent méconnu, et qui, en dernière analyse, n'est pas autre chose que le problème de la mort dont le moi se sent toute la vie menacé.

2. Le thème du Double dans la littérature

> J'imagine mon moi comme dans un prisme; tous les personnages qui tournent autour de moi sont des moi qui m'agacent par leurs agissements.
>
> E. Th. A. Hoffmann.

Il est hors de doute que Ewers, le Hoffmann moderne comme on l'appelle, s'est inspiré de celui-ci dans son film. Cependant d'autres influences se sont également exercées (1).

Hoffmann est le poète classique du Double, qui est un des thèmes favoris de la poésie romantique. Dans presque tous les ouvrages de Hoffmann, et ils sont nombreux, on trouve une allusion à ce thème et, dans quelques-uns parmi les plus importants, c'est même le thème dominant. Le modèle du personnage créé par Ewers se trouve dans le tome II, chap. III, des *Contes fantastiques* d'Hoffmann, et est intitulé « L'histoire du reflet perdu ». Hoffmann raconte comment Érasme Spikher, un honnête bourgeois allemand, père de famille, tombe, pendant un séjour à Florence, dans les filets de l'amour tendus par une

(1) Cette remarque ne tend nullement à diminuer le mérite de cet auteur. Des connaisseurs de ses œuvres savent que Ewers s'est toujours intéressé aux phénomènes bizarres et occultes de l'âme humaine. Il suffit de citer sous ce rapport son drame, *Das Wundermädchen von Berlin* (L'enfant du miracle de Berlin), 1912, qui a une certaine analogie avec *l'Etudiant de Prague*.

Giuletta démoniaque, et comment après avoir tué son rival, il s'enfuit en laissant son reflet à sa bien-aimée, sur sa demande. — Ils sont juste devant le miroir qui reflète leurs doux embrassements. Érasme voit Giuletta, pleine d'ardeur, tendre ses bras vers le miroir, et son reflet à lui en sortir, glisser dans les bras de Giuletta et disparaître avec elle dans les airs. Déjà pendant son voyage de retour Érasme se voit la risée de ceux qui fortuitement ont découvert l'absence de son reflet dans un miroir. Partout où il arrive, il prétexte une aversion naturelle pour tous les miroirs et il les fait couvrir en hâte. On l'appelle, en se moquant de lui, général Souwarow, qui faisait de même. A la maison, sa femme le repousse, son fils se moque de lui. Désespéré, il voit arriver le mystérieux compagnon de Giuletta, le docteur Dapertutto, qui lui promet de lui rendre l'amour de Giuletta et son reflet perdu si, en échange, il lui sacrifie sa femme et son fils. Giuletta lui apparaît et excite de nouveau sa folie amoureuse. Elle montre, en retirant la couverture du miroir, avec quelle fidélité elle garde l'image d'Érasme. Celui-ci voit avec ravissement son reflet enlacer tendrement Giuletta, sans s'occuper aucunement de lui. Il est déjà sur le point de conclure ce pacte infernal, qui le livre, lui et les siens, aux puissances étrangères, quand, brusquement encouragé par l'arrivée de sa femme, il chasse les esprits de l'enfer. Sur le conseil de sa femme, il part à la recherche de son reflet. Il rencontre Peter Schlemihl, l'homme qui a vendu son ombre. On voit que Hoffmann a voulu faire, avec ce conte fantastique, un pendant à l'étrange histoire de Chamisso, que nous supposons connue de nos lecteurs.

Entre ces trois histoires existent de nombreux traits de ressemblance. Comme Balduin et Spikher, Schlemihl abandonne son âme au diable. Lui aussi devient un objet de dérision et de mépris. Ces contes présentent aussi une autre analogie : l'admiration de son image dans l'un ; l'auto-admiration de son ombre dans l'autre. (Du reste la vanité est un des principaux caractères de Schlemihl (1).)

(1) Dans Peter Schlemihl, l'homme en gris dit : « Pendant le court laps de temps où j'ai eu l'avantage de me trouver près de vous, j'ai pu

La catastrophe, ici comme dans les deux cas précédents, est amenée par la femme. La belle Fanny déjà est effrayée par l'absence de l'ombre de Schlemihl, et cette même absence fait perdre à Schlemihl son bonheur auprès de l'amoureuse Minna. La folie, qui devient manifeste chez Balduin à la suite de la catastrophe, existe aussi, bien qu'à peine dessinée, chez Spikher et Schlemihl qui, du reste, finissent par échapper à l'emprise du mal. Après sa rupture avec Minna, Schlemihl parcourt dans une course folle les bois et les prairies. La sueur de l'angoisse perle sur son front, un gémissement sourd sort de sa poitrine. La folie hante son esprit. Ces analogies prouvent bien que l'ombre et l'image représentent ici un Moi devenu indépendant, ce qui sera encore confirmé par d'autres preuves.

Des autres imitations de Peter Schlemihl, nous ne mentionnerons ici que le conte délicat d'Andersen, intitulé *L'ombre*. C'est l'histoire d'un savant qui vit dans les pays chauds où son ombre se sépare de lui. Plusieurs années après, cette ombre, devenue homme, rencontre le savant. Au début le savant n'est nullement gêné par la perte de son ombre, exactement comme Schlemihl. Il en a même retrouvé une nouvelle (mais plus petite). Mais l'ombre (originale), devenue un homme riche et puissant, arrive peu à peu à s'asservir le savant, son véritable possesseur. D'abord elle lui demande seulement le silence parce qu'elle a l'intention de se fiancer. Bientôt elle pousse l'audace jusqu'à traiter son ancien maître comme sa propre ombre. Entre-temps l'ombre-homme attire l'attention de la fille d'un roi qui le demande en mariage. L'ombre essaye, en lui promettant une forte somme, de décider son ancien maître à jouer le rôle de l'ombre devant tout le monde. Le savant se révolte contre cette proposition et prend des mesures pour démasquer celui qui a usurpé ses droits sur sa propre personne. Mais l'ombre déjoue les plans de son maître et le fait jeter en prison. En assurant à sa fiancée que son ombre est devenue folle et se prend pour un être vivant, il lui est facile de

— permettez-moi monsieur de vous le dire — observer avec une admiration inexprimable la belle ombre que vous projetez au soleil, presque avec un noble mépris et sans même vous en apercevoir. »

faire disparaître, le soir de son mariage, l'homme dangereux et d'assurer ainsi son bonheur.

Ce conte, écrit volontairement en opposition à l'histoire de Peter Schlemihl, relie le thème de la perte de l'ombre et de ses graves conséquences à celui traité dans *L'Étudiant de Prague*, car dans le conte d'Andersen, il ne s'agit pas seulement d'une absence, comme chez Chamisso, mais aussi d'une persécution par le Double devenu indépendant, qui s'oppose partout et toujours à son Moi, jusqu'à l'effet catastrophique amené par l'amour.

La perte de l'ombre a été utilisée aussi par Lenau dans sa poésie *Anna*, qui reprend le mythe suédois (1) d'une jeune fille qui craint de perdre sa beauté en devenant mère.

Dans son désir de rester toujours jeune et belle, Anna court avant son mariage chez une sorcière, qui, par un sortilège, la libère des sept enfants que le destin lui assigne. Elle garde pendant les sept années de son mariage une beauté immuable, jusqu'à ce que son mari s'aperçoive, au clair de lune, qu'elle ne jette point d'ombre. Questionnée, elle avoue sa faute. Chassée par son mari, elle passe sept nouvelles années d'une vie de pénitence et de remords qui se marquent profondément sur sa figure. A la fin, un ermite lui donne l'absolution et, réconciliée avec Dieu, elle meurt, après avoir vu dans une chapelle l'ombre des sept enfants qu'elle a évité de concevoir.

Parmi les autres contes traitant de ce même thème, mentionnons un conte de Goethe qui narre l'histoire d'un géant habitant le bord d'un fleuve. Son ombre, faible et impuissante à midi, devient énorme au lever et au coucher du soleil. Si à ce moment on s'assied sur la nuque de l'ombre, on est transporté sur l'autre rive. Pour se rendre indépendant de ce moyen de communication, on a bâti un pont à cet endroit. Mais quand le géant se frotte les yeux le matin, l'ombre de ses poings

(1) Le même mythe a été utilisé par Frankl dans une ballade (voir *Œuvres*, t. II, p. 116, éd. 1880) et par Hans Muller von der Leppe, dans son recueil de chansons, Francfort, 1895, p. 62, sous le titre : *Fluch der Eitelkeit* (*Malheur à la vanité*).

tombe si formidable sur les hommes et les bêtes qui traversent le pont, qu'ils sont tous renversés.

On pourrait encore citer l'*Ombre*, une poésie de Moerike. Un comte, sur le point de partir pour la terre sainte, se fait jurer fidélité par sa femme. Le serment est faux car la femme a un amant. Elle envoie même du poison à son mari et le tue ainsi. Mais au même moment, la femme infidèle meurt aussi et seule son ombre reste indélébile dans la salle. Il existe aussi un charmant poème de Richard Dehmel, *L'ombre*, écrit d'après R. L. Stevenson (1), dans lequel une petite enfant se demande pourquoi son ombre existe.

De ces créations littéraires où le Double mystérieux se sépare du Moi et devient indépendant (ombre ou reflet), il faut distinguer le véritable Double (Sosie) où des personnes, en chair et en os, extraordinairement ressemblantes, se rencontrent et s'opposent. Le premier roman de Hoffmann : *Les Élixirs du Diable* (1814), repose sur une ressemblance analogue entre le moine Médardus et le comte Victorin, qui sans le savoir sont fils du même père. Leurs aventures bizarres ne sont possibles et compréhensibles que par l'identité de leur apparence extérieure. Tous deux, chargés d'une lourde hérédité paternelle, ont des troubles psychiques, dont la description magistrale constitue le principal attrait du roman. Devenu fou à la suite d'une chute, Victorin croit être Médardus et se fait passer pour lui. Son identification avec Médardus va si loin qu'il exprime même à haute voix les pensées de l'autre, de sorte que Médardus croit s'entendre parler lui-même et percevoir ses pensées intimes proférées par une voix étrangère. Ce tableau paranoïaque est complété par l'idée des persécutions auxquelles Victorin sera exposé une fois dans le couvent, par l'érotomanie provoquée par le portrait entrevu d'une femme aimée, et par une misanthropie morbide. Enfin l'apparition du moine à l'esprit troublé provoque chez Victorin l'idée torturante d'avoir un Double malade.

(1) Stevenson a traité l'existence du Double dans sa nouvelle *Le cas étrange du Dr Jekyll et Mr Hyde* (voir plus loin le dédoublement de la personnalité).

Dans une œuvre ultérieure : *Le Double*, Hoffmann a traité un sujet analogue en le liant à un autre : la rivalité en face de la femme aimée. Il s'agit de deux adolescents qui se ressemblent à tel point qu'on les prend l'un pour l'autre. Une parenté mystérieuse lie les deux jeunes gens. Ces faits, et leur amour pour la même jeune fille, provoquent les aventures les plus folles qui se terminent quand tous deux se trouvent face à face devant la jeune fille et renoncent librement à elle. Dans *Les opinions du chat Murr* on rencontre la même ressemblance physique entre deux personnes, Kreisler, candidat à la folie, et Ettlinger, un peintre réellement fou. Eux aussi se ressemblent comme des frères. Kreisler, qui voit se refléter dans l'eau son image, la prend pour le peintre fou et l'invective. Bientôt après il croit que son propre moi marche à côté de lui. Saisi d'effroi il se sauve chez maître Abraham et lui demande de tuer son persécuteur d'un coup d'épée. Impulsion funeste assez semblable à celle que l'Étudiant de Prague paye de sa vie.

Hoffmann a encore traité le problème du Double dans d'autres ouvrages, *La princesse Brambilla, Le cœur de pierre, Le choix d'une fiancée, L'homme de sable.* Quoique Hoffmann ait eu une tendance impulsive à traiter ce sujet, l'influence qu'a exercée sur lui Jean-Paul, qui à cette époque était à l'apogée de sa gloire et qui a introduit le motif du Double dans le romantisme, n'est pas à dédaigner (1).

Ce thème, avec toutes ses variantes psychologiques, domine dans l'œuvre de Jean-Paul. Il ne peut entrer dans nos intentions de traiter ici à fond cette matière immense. D'un autre côté, il est particulièrement difficile d'exposer sommairement le motif du Double chez Jean-Paul, car cet auteur précisément se plaît à inventer les situations les plus compliquées et, en outre, souvent nous ne laisse pas voir de façon précise s'il est sérieux ou ironique, ou si même il ne se raille pas lui-même.

(1) Voir F. J. Schneider, *Jean-Pauls Jugend und sein Auftreten in der Literatur*, Berlin, 1905 ; J. Czerny, *Jean-Paul Beziehungen zu Hoffmann* ; Wilhelmine Kraus, *Das Doppelgängermotiv in der Romantik*, Berlin, 1930 ; Hugo Horwitz, *Das Ich-Problem in der Romantik.*

Ceci est en rapport avec toute la mentalité du romantisme, qui en Allemagne inclinait beaucoup plus vers l'ironie et la moquerie de soi-même que par exemple en France (1). (Celui que le motif du Double chez Jean-Paul intéresse dans ses détails, peut se reporter aux traductions françaises dont précisément ces derniers temps a paru toute une série (2).) Ici, nous ne pouvons que citer quelques exemples que nous détachons de l'ensemble de l'œuvre. Dans le roman *Siebenkäs*, le point central est formé par la confusion constante du héros Siebenkäs avec son ami Leibgeber : les deux se ressemblent à un cheveu près, et vont même jusqu'à échanger leur nom. En effet, Jean-Paul a exprimé d'une façon tout à fait symbolique jusque dans le nom même de son héros en proie au Double : « Leib-Geber » (qui se sépare de son corps), toute cette tendance à se dépersonnaliser. Nous retrouvons ceci dans *le Titan*, l'autre grand roman de l'auteur, où Roquairol, qui est représenté comme un égoïste sans bornes, voit l'idéal de l'amitié dans la complète fusion de deux personnalités : « Le Moi doit devenir Toi. »

On sait que Jean-Paul, surtout dans *le Titan*, a pris position vis-à-vis de la philosophie du Moi de Fichte, et a voulu montrer jusqu'où l'idéalisme transcendantal, poussé dans ses conséquences les plus extrêmes, pouvait mener. On a discuté pour savoir si l'auteur se bornait à exposer ses idées vis-à-vis du philosophe, ou s'il voulait mettre celui-ci en face de son absurdité. Quoi qu'il en soit, il semble cependant clair que tous deux ont cherché, d'après leur façon particulière, à s'expliquer le problème du Moi qui les touchait personnellement. De même que Jean-Paul est hanté par le problème du Moi, de même ses héros et personnages secondaires sont traqués sous les formes et les apparences les plus diverses par leur propre individu scindé et détaché. A côté du Double

(1) Sur l'ironie dans le romantisme allemand, cf. Fritz Lubbe, *Die Wendung von Individualismus zur sozialen Gemeinschaft im romantischen Roman*, Berlin, 1931 (L'évolution du roman de l'individu vers le roman de la société à la période romantique).

(2) *Hesperus* (Stock). — *Le Jubilé* (Stock). — *Choix de rêves* (Fourcade). — *Voyage du proviseur Fœlbel*, suivi de *La vie de Maria Wutz*, par Jean-Paul Richter (éditions Montaigne).

corporel qui nous montre le héros comme deux êtres différents, et qui conduit aux quiproquos les plus terribles et les plus tragiques (dans le sens du motif d'Amphitryon), Jean-Paul a aussi représenté le problème du Moi dans ses héros qui souvent donnent l'impression de personnages pathologiques. Victor (le personnage principal d'*Hespérus*) est dès son enfance empoigné par de semblables histoires où les héros sont atteints de cette faculté de dédoublement. Souvent, le soir avant de s'endormir, il contemple son corps si longtemps qu'il le voit se séparer de lui et se tenir et gesticuler à côté de son Moi, comme un objet étranger.

La folie destructrice d'un Double persécuteur, nous la retrouvons dans *le Titan*, où Albano est poursuivi hors de ce temple de rêve, où il s'est égaré, par tous les reflets de son Moi qui le poursuivent dans des miroirs. Cette idée du reflet du Moi dans le miroir, qui terrifie Leibgeber (dans *Siebenkäs*) également, s'intensifie dans *le Titan* jusqu'à devenir la douleur la plus horrible : Schoppe, une des figures les plus pathologiques de ce roman, ne peut regarder aucune partie de son corps, comme ses mains ou ses pieds, sans être pris par l'angoisse de son Double. Il faut recouvrir les glaces, comme chez l'étudiant Balduin. Mais cette angoisse pousse Schoppe si loin que de haine il brise les glaces, car son Moi grimace dans chacune d'elles. Finalement Schoppe meurt fou, avec aux lèvres la phrase de Fichte sur l'identité.

Nous trouvons chez Jean-Paul une telle abondance de formes du Double, qu'on pourrait presque retracer tout le développement de ce thème d'après ses romans. Développement qui conduit d'un Double corporel, personnifié par deux figures semblables, aux manifestations d'abord tout à fait subjectives et finalement folles de scission de la personnalité. Les différents aspects de ce problème du Double ont trouvé chez l'auteur viennois, Ferdinand Raimund, une expression assez particulière. Dans sa pièce comique et romantique, *Le roi des Alpes et le Misanthrope*, la guérison du misanthrope Rappelkopf (Loufoque) est amenée par le fait que le roi des Alpes, Astragale, montre au héros apparaissant sous la forme de son beau-frère, ses propres fautes et faiblesses. Cette action se meut à la limite du tragique et du comique, de même que toute la vie de Raimund a été un essai de vaincre au moyen de l'humour sa mélancolie profonde, qui l'a malgré tout poussé à se suicider. Plus tragiquement, Raimund a traité ce même sujet dans *le Dissipateur* où le riche Flottwell est pendant une année suivi par un mendiant, qui vingt ans après se révèle comme son Double qui a épargné sou à sou, c'est-à-dire mendié et économisé de l'argent pour lui et pour son avenir. Cette représentation presque allégorique de l'avenir sous l'aspect de sa propre personnalité vieillie, forme le pendant du type représenté par l'Étudiant de Prague, qui ne peut pas se débarrasser de son propre passé.

Cette crainte de vieillir et de perdre sa beauté, que nous avons rencontrée dans le folklore suédois, constitue le principal problème du roman de Wilde : *Le portrait de Dorian Gray*, 1890. Le jeune et beau Dorian, admirant son portrait, exprime le désir insensé de rester toujours aussi jeune et aussi beau, et de pouvoir reporter sur le portrait les traces de la vieillesse et des passions. Ce souhait devait se réaliser de façon tragique. Dorian voit pour la première fois une altération sur le portrait quand il repousse cruellement Sybille qui l'aime par-dessus tout, car, comme la plupart des gens de son tempérament, il doute de lui-même devant l'amour. A partir de ce moment, le portrait vieillissant constamment, et trahissant les traces des passions, devient la conscience visible de Dorian. Lui, qui a un culte démesuré pour lui-même, apprend sur ce portrait à détester son âme. Il fait cacher ce portrait qui lui inspire crainte et horreur. De temps en temps il le contemple pour le comparer à ses propres traits qui n'ont pas changé. L'ancien ravissement que lui cause sa propre beauté fait peu à peu place au dégoût de son moi. Enfin il maudit cette beauté, il jette le miroir par terre et, avec son talon, le casse en mille morceaux. Par un tour artistique très heureux de Wilde, la phobie du miroir constitue le sujet d'un roman que Dorian Gray aime particulièrement et où le héros, en complète opposition avec Dorian, a perdu sa rare beauté dans sa jeunesse. Depuis il a gardé une peur grotesque des miroirs, des surfaces polies et de l'eau tranquille. Après avoir tué le peintre du portrait tragique, et poussé Sybille au suicide, Dorian ne trouve plus de repos. Il est convaincu qu'il est poursuivi, traqué jusqu'à la mort. Pour en finir et pour se débarrasser d'un passé insupportable, il décide de détruire le portrait. Au moment où il fait le geste de le pourfendre il tombe mort, vieilli, défiguré, le couteau dans le cœur, tandis que le portrait réapparaît dans sa jeune beauté (1).

Presque tous les romantiques ont traité le motif du Double d'une façon ou de l'autre (2).

Mentionnons brièvement seulement Henri Heine parce que, d'après la critique littéraire, le motif du Double est un des principaux que Heine ait traités. Seulement, chez Heine (3), le Double ne paraît pas corporellement mais plutôt sous une forme spiritualisée. Dans *Radcliff*, Henri Heine peint le sort de deux hommes dont la vie, par la tyrannie d'une existence double, est dépourvue de tout sens commun, et qui sont obligés de s'entretuer tout en s'aimant. Leur vie de tous les jours est troublée par la vie de leurs ancêtres qu'ils sont obligés de revivre. Radcliff obéit à une voix intérieure qui lui conseille de tuer quiconque approche de Marie. Le même motif, mais traité d'une autre façon, se retrouve dans *Les nuits de Florence*. L'auteur décrit la double existence de Mme Laurencer, dont la vie calme et rangée le jour se transforme la nuit en des orgies de danses, dont le lendemain elle parle avec tranquillité comme d'une chose arrivée depuis longtemps. Dans le même ordre d'idées est traitée l'histoire de Laskaro dans *Atta Troll*, auquel

(1) Claude Farrère a traité magistralement le motif du vieillissement brusque dans *La maison des hommes vivants*.

(2) Chez Tieck, Arnim, Brentano ce motif est traité par son côté extérieur, soit par la confusion, soit par l'identification des différents personnages, comme l'exige à tout moment l'action. Chez Novalis, dans un clair-obscur mystique ; chez Fouqué (*Der Zauberring*, t. II, 13) et chez Kerner (*Die Reiseschatcten*) d'une façon épisodique seulement.

(3) Hélène Hermann, *Studien zu Heines Romanzero* (Études sur le Romanzero de Heine), Berlin, 1906 ; cf. W. Siebert, *Heines Beziehungen zu Hoffmann.*

l'amour maternel rend, la nuit, une vie miraculeuse, grâce à une pommade avec laquelle sa mère le frictionne. Dans *Allemagne, un conte d'hiver* (chap. VI), le poète voit, dès qu'il s'assied la nuit à sa table pour écrire, un compagnon étrange. Questionné, ce compagnon répond : « Je suis le fruit de tes pensées. » On trouve des choses analogues dans plusieurs poésies de Henri Heine, dont la plus connue est *Le Double*, mise en musique par Schubert.

En poursuivant ce motif jusque dans ses manifestations les plus extrêmes, nous nous éloignons de notre véritable but. Qu'il s'agisse d'un Double en chair et en os (nous l'avons même étudié jusque dans ses modifications, tel qu'on le rencontre dans les comédies et les vaudevilles) (1), ou qu'il s'agisse d'une image séparée du Moi et devenue indépendante (reflet, ombre, portrait), nous voyons que l'état psychique d'une personne est représenté par deux existences distinctes, grâce à un état amnésique qui lui permet de se manifester sous deux formes distinctes, le plus souvent contradictoires. Ces cas de double conscience ont été observés cliniquement (2) et ont trouvé leur utilisation dans la littérature (3), mais pour notre étude ils sont inutiles (4).

Délaissons ces cas-limites et retournons vers ces œuvres plus intéressantes pour nous, dans lesquelles le Double paraît bien avoir une forme plus ou moins définie, mais que nous reconnaissons néanmoins comme la création d'une imagination maladive. Entre ces formes, dont nous venons d'étudier quelques exemples, et les

(1) Le sujet inépuisable pour ces comédies de confusion va des *Ménechmes* de Plaute jusqu'aux *Jumeaux* de T. Bernard, avec les exemples très connus de Shakespeare : *Comedy of errors*, de Lecoq : *Giroflé-Girofla*, de Nestroy : *Der Färber und sein Zwillingsbruder*.

(2) Voir la publication de Max Dessoir, *Das Doppel-Ich*, 2e éd., Leipzig, 1896, et encore Th. Ribot, *Les maladies de la personnalité* et les publications de Myers, concernant le problème de la personne double.

(3) Georges Du Maurier, *Trilby* ; Hugh Conway, *Called back* ; Dick May, *L'affaire Allard* ; Paul Lindau, *Le procureur Hallers* (filmé aussi) ; Georg Hirschfeld, *Das zweite Leben*.

(4) Nous laissons tout à fait de côté le Double comme on le comprend dans l'occultisme, c'est-à-dire la présence simultanée du même individu dans deux endroits différents. Dans les œuvres biographiques de Strindberg, cette scission de l'individu est poussée à l'extrême. On a publié un grand nombre de travaux pathographiques sur la personnalité paranoïaque de Strindberg.

cas de double conscience que nous n'étudions pas, mais qui constituent la base psychologique et, pour ainsi dire, une étape préliminaire de la folie du Double, se place la nouvelle impressionnante de Maupassant, *Le Horla*, 1887. Le héros de l'histoire, qui a écrit son journal, est sujet à des états anxieux qui le tourmentent, surtout la nuit, le poursuivent dans ses rêves et ne cèdent à aucun traitement. Une nuit, il s'aperçoit, épouvanté, que la carafe d'eau, qui était pleine le soir, avait été complètement vidée, quoique personne n'ait pu entrer dans la chambre fermée. Depuis ce moment, tout son intérêt est concentré sur un esprit invisible, le Horla, qui vit en lui ou à côté de lui. Il essaye de lui échapper par tous les moyens possibles. En vain. Il devient de plus en plus convaincu de l'existence d'un mystérieux inconnu par lequel il se sent épié, observé, scruté, dominé, poursuivi. Souvent il se retourne rapidement pour pouvoir enfin le voir et le saisir. Il se précipite dans sa chambre obscure où il croit trouver le Horla « pour le saisir, l'étrangler, et le tuer ». A la fin, cette pensée de se débarrasser de ce tyran invisible l'obsède. Il fait barricader les portes et les fenêtres de sa chambre avec des plaques de fer, après s'être furtivement glissé dehors, pour enfermer le Horla. Ensuite il met le feu à la maison et la regarde de loin brûler avec tout son contenu. Mais bientôt il doute que le Horla, pour lequel tout cela a été fait, puisse être tué et il ne voit plus que le suicide comme dernière chance de salut (1). Ici aussi la mort destinée au Double frappe le héros. Maupassant nous montre dans une scène devant la glace, qui se passe avant la catastrophe, jusqu'à quel point l'individu peut se séparer de son Moi. Le héros a éclairé sa chambre pour guetter le Horla :

Derrière moi, une très haute armoire à glace, qui me servait chaque jour, pour me raser, pour m'habiller, et où j'avais coutume de me regarder de la tête aux pieds, chaque fois que je passais devant.

Donc, je faisais semblant d'écrire, pour le tromper, car il m'épiait lui aussi; et soudain, je sentis, je fus certain qu'il lisait

(1) Dans un conte analogue de Poritzky, l' « Inconnu » est le mort qui, constamment invisible, poursuit le héros.

par-dessus mon épaule, qu'il était là, frôlant mon oreille. Je me dressai, les mains tendues en me tournant si vite que je faillis tomber. Eh bien?... on y voyait comme en plein jour, et *je ne me vis pas dans ma glace*!... Elle était vide, claire, profonde, pleine de lumière. Mon image n'était pas dedans et j'étais en face, moi! Je voyais le grand verre limpide du haut en bas. Et je regardais cela avec des yeux affolés, et je n'osais plus avancer, je n'osais plus faire un mouvement sentant bien pourtant qu'il était là, mais qu'il m'échapperait encore, lui dont le corps imperceptible avait dévoré mon reflet.

Comme j'eus peur! Puis voilà que tout à coup je commençais à m'apercevoir dans une brume, au fond du miroir, dans une brume comme à travers une nappe d'eau; et il me semblait que cette eau glissait de gauche à droite, lentement, rendant plus précise mon image, de seconde en seconde... Je pus enfin me distinguer complètement, ainsi que je le fais chaque jour en me regardant.

Je l'avais vu! L'épouvante m'en est restée, qui me fait encore frissonner (1).

Dans un autre conte, *Lui*, qui est comme une esquisse du Horla, Maupassant a marqué plus distinctement encore quelques traits qui nous intéressent. L'histoire de ce mystérieux *Lui* nous paraît être la confession d'un homme qui, malgré lui, veut se marier et doit se marier, uniquement parce qu'il ne supporte plus de rester seul depuis qu'en rentrant une fois la nuit, il a trouvé « Lui » installé dans un fauteuil près de la cheminée, qu'il avait l'habitude d'occuper (2). Il se sent constamment persécuté, mais il sent aussi que c'est de la folie pure. Son persécuteur ne vit que dans sa peur, dans son angoisse : quand il aura quelqu'un près de lui l'autre ne viendra plus.

Le même état d'âme affiné, jusqu'à une résignation pleine de mélancolie, trouve une expression saisissante dans *La nuit de décembre*, de Musset (1835). Dans un dialogue avec la Vision, le poète raconte que partout et toujours depuis son enfance, un « Double » sous forme d'une ombre le suit, qui lui ressemble comme un frère.

(1) G. de Maupassant, *Le Horla*, p. 43-44 (Œuvres complètes, Paris 1909, Louis Conard, édit.).

(2) De même dans Kipling, *The Knife and the naked chalk* (Rewards and Fairies), Hummil se voit déjà assis à la table quand il veut s'y mettre. Mais soudain cette vision disparaît, « *except that it cast no shadow ; it was, in all respects, real* ».

Dans les moments décisifs de sa vie, lui apparaît ce compagnon, vêtu de noir, auquel il ne peut pas se soustraire, aussi loin qu'il fuie devant lui, et dont il ne peut pas reconnaître la nature. De même qu'un jour, jeune amoureux il était seul avec son Double (1), de même beaucoup d'années plus tard, une nuit où il était plongé dans les doux souvenirs qui le ramènent au temps de son amour, l'apparition se montra de nouveau. Le poète cherche à découvrir son essence. Il l'appelle mauvais destin, ange gardien, et comme les souvenirs de l'amour ne se laissent pas chasser, il l'appelle sa propre image :

> Mais tout à coup j'ai vu dans la nuit sombre
> Une forme glisser sans bruit.
> Sur mon rideau, j'ai vu passer une ombre;
> Elle vient s'asseoir sur mon lit.
> Qui donc es-tu morne et pâle visage,
> Sombre portrait vêtu de noir ?
> Que me veux-tu, triste oiseau de passage ?
> Est-ce un vain rêve, est-ce ma propre image
> Que j'aperçois dans ce miroir ?

Enfin l'apparition se fait connaître comme étant la solitude.

A première vue, il peut paraître bizarre que Musset, ainsi que l'a fait Maupassant, représente la solitude sous la forme concrète d'une personne ennuyeuse. Mais déjà Nietzsche a fait remarquer qu'il s'agit de l'ennui dans la société de son propre moi. C'est ce que les poètes ont objectivé sous la forme du Double.

Un dialogue semblable avec le Moi personnifié se trouve aussi chez Jean-Paul dans *La confession du diable chez un grand dignitaire de l'État* (2).

(1)
> A l'âge où l'on croit à l'amour,
> J'étais seul dans ma chambre un jour
> Pleurant ma première misère.
> Au coin de mon feu vint s'asseoir
> Un étranger vêtu de noir
> Qui me ressemblait comme un frère

(2) On trouve d'autres analogies chez Coleridge, *Poems*, et chez Baudelaire, *Fleurs du mal*. Chez Coleridge, nous trouvons dans le poème *Transformation*, un dialogue entre le poète et son Moi ayant une res-

Plus soutenu par des détails psychologiques, le même motif se trouve dans un conte de J.-E. Poritzky (1), intitulé *Une nuit*. Le héros fait une nuit la connaissance d'un « Faust en âge et sagesse », qui a une conversation profonde et pleine de souvenirs. Le vieillard raconte l'aventure qui lui est arrivée la veille à minuit. Il se trouvait devant une glace, quand une superstition de son enfance lui est revenue à l'esprit, d'après laquelle il était défendu de se mirer à minuit. « Je souriais et me mis devant le miroir comme si je voulais défier et mépriser les légendes de la jeunesse. Je regardais dans la glace, mais j'étais tellement pris par mes souvenirs d'enfance, je me voyais tellement petit garçon, j'avais tellement oublié mon existence actuelle que je vis avec un étonnement hébété le visage ridé du vieillard qui me regardait dans la glace. » Cette désorientation alla si loin qu'il appela au secours avec son ancienne voix d'enfant et que le vieillard qu'il était voulut aller au secours de l'enfant, qui brusquement disparut. Le héros essaya de se rendre compte de cet événement : « Je connais parfaitement la scission de la conscience. Tout le monde a déjà ressenti dans sa vie, plus ou moins profondément, cette scission dans laquelle on voit son propre Moi vous passer comme une ombre devant les yeux dans toutes sortes de situations vécues (2). Nous avons aussi en nous la possibilité de nous voir parfois dans notre développement futur. Cette vision de notre moi futur est parfois si forte que nous croyons voir des personnages étrangers se détacher en chair et en os de nous, comme un enfant du corps de sa mère. Nous rencontrons dans l'avenir ces apparitions que nous avons pressenties et nous les saluons. Ceci est

---

semblance avec les vers de Musset. Du poème de Baudelaire, *Le jeu*, citons les vers suivants :

« Voilà le noir tableau qu'en un rêve nocturne
Je vis se dérouler sous mon œil clairvoyant ;
Moi-même, dans un coin de l'antre, taciturne,
Je me vis accoudé, froid, muet, enviant. »

(1) *Geistergeschichten*, Munich, 1913. Dans le même volume se trouve aussi le conte intitulé *Im Reiche der Geister* (Dans le royaume des esprits) où l'étudiant Oreste Najaddin voit son double.

(2) Comme dans les vers de Musset.

ma découverte mystérieuse (1). Le psychologue français Ribot a donné quelques exemples étranges de cette scission de l'âme qu'on ne peut considérer simplement comme des hallucinations. Un homme très intelligent avait la possibilité d'évoquer devant lui son Double pour se moquer de lui. Le Double lui répondait avec le même rire. Ce jeu dangereux l'amusa fort longtemps, mais se termina tragiquement. Ayant peu à peu gagné la conviction qu'il *était poursuivi par lui-même* et que l'autre Moi ne cessait de le taquiner, de l'agacer, de le tourmenter, il résolut de mettre fin à sa triste existence. Après avoir cité un autre exemple, le vieillard demande à son compagnon si, malgré ses trente-cinq ans, il ne s'est jamais encore senti vieux. Sur sa réponse négative, le vieillard prend congé. Le jeune homme veut lui donner la main et, à son grand étonnement, ne saisit que le vide. De près ou de loin, pas une âme. « J'étais seul ; vis-à-vis de moi était une glace dont j'étais le prisonnier et maintenant seulement que je pouvais en détacher mes yeux, j'ai vu que la bougie était entièrement brûlée... M'étais-je parlé à moi-même ? Avais-je quitté mon corps et n'y suis-je rentré qu'à l'instant même ? Qui sait?... *ou m'étais-je tourné vers moi-même comme Narcisse.* Ai-je rencontré les différents personnages de mon Moi futur et leur ai-je souri? Qui sait?... »

Edgar Poe a donné au motif du Double, dans sa nouvelle *William Wilson*, une forme qui est devenue un modèle largement utilisé par des imitateurs. Le héros, qui s'appelle William Wilson, raconte son histoire. Quand il entre pour la première fois à l'école, il rencontre un garçon qui, non seulement a le même nom, est né le même jour que lui, mais lui ressemble en silhouette, parole, démarche, allure, de telle façon qu'on les prend pour des frères, voire même des jumeaux. Bientôt ce

(1) Qu'on compare ce que Hebbel écrit dans son journal (3 juin 1847) à propos d'un rêve de sa femme qui dans un miroir prévoit toute sa vie future. « Elle se voit d'abord toute jeune, ensuite vieillissant de plus en plus jusqu'à ce que, craignant de voir son squelette, elle se détourne. » A la date du 15 décembre 1846, Hebbel note aussi : « Quelqu'un qui se voit dans une glace crie au secours, croyant voir un étranger, parce qu'on lui a barbouillé la figure auparavant. »

Double bizarre, qui imite le héros en tout, devient son compagnon inséparable, mais à la fin aussi son rival le plus redouté. C'est seulement par sa voix, qu'il ne peut pas élever au-dessus du chuchotement, que le Double se différencie de lui. Mais ce chuchotement est, par sa modulation et son accent, à tel point identique à sa parole que « son chuchotement particulier est devenu un écho parfait de sa propre voix » (1).

Malgré cette singerie antipathique, le héros ne peut pas haïr son imitateur. Il ne peut pas non plus se soustraire aux conseils qu'il lui suggère clandestinement et auxquels il obéit avec répugnance. Cette tolérance est en partie inexplicable par le fait que seul le héros s'aperçoit de cette imitation, qui échappe aux camarades de classe. Le simple appel de son nom pouvait mettre le héros en colère. « Cet appel était insupportable à mes oreilles. Quand, le jour de mon entrée en classe, j'appris qu'il y avait un second William Wilson, j'étais en colère contre lui parce qu'il portait ce nom détesté. J'étais doublement ennemi de ce nom parce qu'il appartenait aussi à un étranger qui serait la cause que je l'entendrais maintenant deux fois aussi souvent. » Une nuit, le héros se glisse dans la chambre à coucher de son Double et est obligé de se rendre compte que les traits du dormeur ne peuvent pas être le résultat d'une imitation voulue et moqueuse.

Épouvanté, il s'enfuit de l'école. Après quelques mois passés à la maison, il devient étudiant à Eton. Là, il commence une vie dévergondée. Il a depuis longtemps oublié l'épisode de son enfance, quand, un soir, à une beuverie, son Double lui apparaît, vêtu élégamment comme lui, mais avec des traits indistincts. Il lui chuchote comme un avertissement les mots « William Wilson » et disparaît. Toutes les recherches faites pour savoir qui il est et où il demeure restent vaines. On apprend seulement qu'il a quitté l'école le même jour que le héros.

(1) Cf. Poe, *Shadow* (une parabole dans le tome des Nouvelles dans Everyman's Library, p. 109).

Bientôt après, le héros se rend à Oxford où il continue sa vie de dilapidations effrénées. Il se gâte moralement de plus en plus, et ne recule pas devant la tricherie au jeu. Un soir où il a ainsi gagné une forte somme, le Double entre brusquement dans la salle de jeu et dévoile la tricherie. Humilié et chassé, Wilson se retire, quitte le lendemain Oxford pour parcourir sans repos l'Europe entière. Partout le Double contrarie ses entreprises, mais toujours de façon à éviter un malheur. Enfin, après avoir décidé de se débarrasser à tout prix de la tyrannie de cet inconnu, Wilson provoque la catastrophe à Rome, au cours d'un bal masqué. Wilson est juste en train de s'approcher de la charmante femme de son hôte déjà vieux, quand une main se pose sur son épaule. Dans l'homme masqué, habillé comme lui, Wilson reconnaît son Double. Il l'entraîne dans une pièce voisine où il le provoque en duel. Après une courte lutte, il enfonce son épée dans le cœur du Double. Au même moment on secoue la porte. Wilson se détourne, mais dans ce laps de temps, la situation a changé de façon surprenante. « Dans mon désarroi, il me parut qu'il y avait une grande glace, là où auparavant il n'y en avait pas. Quand, dans mon exaltation, j'allai vers la glace, mes propres traits pâles et tachés de sang, ma propre personne, d'un pas dolent, sortirent du miroir. Je dis que ceci paraissait ainsi, mais cela n'était pas. Mon rival Wilson était là, agonisant devant moi. Son masque et son manteau étaient par terre, là où il les avait jetés. Pas un fil de son vêtement, pas une ligne des traits marqués et particuliers de sa figure qui ne fussent pas miens jusqu'à la complète identité! C'était Wilson, mais sa voix n'était plus qu'un chuchotement. J'aurais pu croire que c'était moi-même qui me disais : « Tu as vaincu et je succombe, cependant, à partir de maintenant, toi aussi tu es mort. Mort pour le monde, pour le ciel, pour l'espérance! En moi tu as vécu, et maintenant que je meurs, vois dans cette image qui est la tienne propre, comment tu t'es tué toi-même. »

C'est probablement Dostoïewsky qui, dans son roman de jeunesse, *Le Double*, 1846, a traité notre thème de la façon la plus impressionnante et la plus approfondie, au point de vue psychologique. Il décrit l'explosion d'un trouble psychique chez un homme qui, ne comprenant pas son état, ne se croit pas malade. Tous les ennuis qu'il ressent lui paraissent dus aux persécutions que ses ennemis lui font subir. La façon lente avec laquelle le héros glisse dans la folie, ce mélange de folie et de réalité, tout cela fait le grand mérite de ce conte pauvre en événements extérieurs, mais écrit avec une maîtrise inégalable. Cette maîtrise se caractérise par la description absolument objective d'un état paranoïaque où pas un trait n'est omis, mais aussi par l'action de l'entourage sur la folie de la victime. L'histoire qui, depuis le début jusqu'à la catastrophe, se précipite en quelques jours, ne pourrait être racontée qu'en réimprimant la nouvelle de Dostoïewsky. Ici, nous n'en voulons mentionner que quelques étapes.

Le malheureux héros de l'histoire, le conseiller Goliâdtkine, au lieu d'aller à son bureau, s'habille un matin avec une élégance choisie, pour se rendre en voiture à un déjeuner chez le conseiller d'État Berendejeff. Celui-ci est son bienfaiteur « depuis des temps immémoriaux et en quelque sorte a remplacé son père ». Mais déjà, pendant le trajet, il a une série d'aventures qui le décident à changer d'avis pour le moment. De sa voiture, il aperçoit deux jeunes collègues dont l'un, comme il le croit, l'aurait montré du doigt, tandis que l'autre l'aurait appelé par son nom. Déjà agacé par ces « stupides garçons », il est troublé par un autre événement plus pénible encore. Sa voiture est croisée par l'équipage élégant de son chef de bureau, André Philippovitch, qui est évidemment étonné de rencontrer son subordonné dans cet appareil. Goliâdtkine, en proie à une anxiété pénible, indescriptible, se demande : « Dois-je le reconnaître ou dois-je me comporter comme si je n'étais pas moi, mais quelque autre qui me ressemble à s'y méprendre... Eh bien, je ne suis pas moi... tout simplement je suis un tout autre, rien de plus », et il ne salue pas son chef. A la réflexion, il regrette cette bêtise, à laquelle la méchanceté de ses ennemis l'a obligé. Pour se tranquilliser, Goliâdtkine a un besoin impérieux de dire quelque chose de très important à son médecin, Christian

Ivanovitch. Comme il ne connaît le docteur que depuis peu de temps, il est très embarrassé en sa présence. Avec beaucoup de circonlocutions et dans des termes imprécis, ce qui caractérise les paranoïaques, il raconte au docteur que des ennemis pleins de haine, qui ont juré de le perdre, le poursuivent. Il remarque nonchalamment qu'on n'hésiterait même pas devant le poison, mais qu'on cherche surtout à le perdre moralement. Une femme aurait le rôle principal dans cette intrigue mystérieuse. Cette femme est une cuisinière allemande avec laquelle il aurait, au dire de ses calomniateurs, des rapports. Cette cuisinière et Claire Olsoufievna, la fille de son ancien protecteur, chez lequel il se rendait au début de l'histoire, dominent ses fantaisies d'érotomane, décrites d'une touche fine et caractéristique. Convaincu que dans ce nid d'abjectes Allemandes se cache toute la puissance des forces ennemies, il avoue plein de honte au médecin que son chef de bureau et le neveu de celui-ci, dernièrement avancé en grade, et qui fait la cour à Claire, répandent sur lui des histoires scandaleuses : il aurait, comme prix de pension, donné à la cuisinière chez laquelle il habite, une promesse de mariage par écrit et, en conséquence, il serait déjà le fiancé d'une autre.

Il arrive un peu en avance chez le conseiller. On lui fait dire qu'il ne sera pas reçu. Il s'en va honteux, voyant que les autres invités, parmi lesquels son chef de bureau et le neveu de celui-ci, sont reçus. Plus tard, il se glisse tout de même dans des conditions humiliantes dans la fête qui est donnée en l'honneur de l'anniversaire de Claire. Il lui offre ses vœux d'une façon très maladroite et provoque ainsi un étonnement général. Quand, pour comble, en dansant avec Claire, il manque de tomber, on l'éloigne de force de la réunion. Vers minuit, par un temps effroyable, il court à travers les rues vides de Pétrograd pour se sauver de ses ennemis. Il avait l'air comme s'il voulait se cacher devant lui-même, se sauver de lui-même. Épuisé, en proie à un désespoir extrême, il s'arrête au canal et s'appuie à la balustrade. Brusquement, « il a l'impression que quelqu'un vient de s'arrêter près de lui, tout près de lui, s'appuyant également à la balustrade et — chose bizarre — il lui semble que cet homme vient juste de lui dire quelque chose, vite et brièvement, et d'une façon peu distincte, mais quelque chose de très important, quelque chose qui le touche personnellement ». Il essaye de se calmer après cette étrange impression. En continuant sa marche, il rencontre un homme qu'il considère comme le principal organisateur de la cabale montée contre lui. Comme il s'approche de lui, il est saisi de terreur en voyant de quelle façon extraordinaire il lui ressemble. Il marchait aussi très vite, et était emmitouflé comme lui... Il avait comme Goliâdtkine une démarche à petits pas rapides, sautillants... A son extrême étonnement, Goliâdtkine rencontre le même inconnu une troisième fois. Il court après lui, l'appelle et puis, à la lueur d'une lanterne, il s'excuse de son erreur. Cependant, il ne doute pas, il connaît bien cet homme. Il sait même comment il s'appelle, quel est son nom patronymique et son nom de baptême, et néanmoins, pour tout l'or du monde, il ne l'appellerait pas par son nom. Mais plus il réfléchit, plus il désire maintenant provoquer la rencontre, qui lui paraît inévitable, avec cet homme mystérieux. En effet, l'inconnu est bientôt à quelques pas de lui. Notre héros se trouve sur le chemin de sa maison que ce Double doit parfaitement connaître. Il entre dans la maison en même temps que Goliâdtkine, escalade rapidement un escalier raide, pénètre enfin dans l'appartement dont le domestique ouvre largement la porte. Quand Goliâdtkine, essoufflé, entre à son tour dans sa chambre, l'inconnu est assis sur son lit, en chapeau et manteau. Incapable de proférer un son, Goliâdtkine, raide de peur, s'assied à côté de lui... Il reconnaît bientôt son ami nocturne, mais cet ami nocturne n'est personne d'autre que lui-même — oui : Goliâdtkine lui-même, un autre Goliâdtkine et tout de même M. Goliâdtkine lui-même — bref, il est en tout point ce qu'on appelle un Double. L'effet de ces événements de la veille se manifeste le lendemain par un redoublement des idées de persécution. Elles paraissent provenir de plus en plus du Double, qui bientôt prend une forme corporelle et devient le centre autour duquel tournent les idées folles de Goliâdtkine.

A son bureau, où il doit craindre « un blâme pour avoir

négligé son service », il trouve à côté de sa place un nouvel employé qui n'est autre que le second M. Goliâdtkine. Mais c'est « un autre M. Goliâdtkine, un tout autre, et tout de même quelqu'un qui ressemble absolument au premier. Même taille, même allure, même forme, habillé comme lui, chauve comme lui, bref, rien, mais absolument rien, ne manque à la ressemblance complète. Les aurait-on mis l'un à côté de l'autre, personne n'aurait pu dire lequel était le véritable Goliâdtkine et lequel était son sosie, lequel était l'ancien, lequel était le nouveau, lequel l'original, lequel la copie ». Mais cependant ce Double fidèle, qui porte aussi le même prénom et est né dans la même ville (de sorte qu'on les prend pour des jumeaux), a un caractère qui est pour ainsi dire l'opposé de celui de son modèle. Il est crâneur, simulateur, bluffeur, arriviste. Il sait se faire aimer partout et il a vite fait d'évincer son concurrent qui est d'une maladresse, d'une timidité, d'une sincérité véritablement pathologiques (1). Les rapports qui s'établissent maintenant entre Goliâdtkine et son Double constituent la partie principale du roman. Nous en résumerons seulement quelques phases. Au début il s'établit entre le Double et lui une intimité très grande, et même une sorte d'alliance contre les ennemis du héros, qui raconte à son nouvel ami ses secrets les plus importants. « Je t'aime, je t'aime, je t'aime comme mon frère, je te le dis. Mais ensemble, Sacha, nous voulons leur jouer un tour. » Mais bientôt Goliâdtkine soupçonne son sosie d'être son principal ennemi et il essaye de se garantir contre lui. Au bureau, son Double lui paraît voler la faveur de ses collègues et de ses supérieurs. Dans sa vie privée, il semble réussir auprès de Claire. Cet être abject poursuit le héros jusque dans ses rêves, dans lesquels, toujours en fuite devant son Double, il se voit entouré d'un grand nombre de personnes qui lui ressemblent et auxquelles il ne peut pas échapper (2).

Cette situation le tourmente aussi pendant le jour, de sorte qu'en fin de compte, il provoquera son ennemi à un

(1) Quelques traits rappellent le motif principal du conte de E.-Th.-A. Hoffmann : *Klein Zaches.*

(2) Un cauchemar analogue se trouve raconté par Jérome K. Jérome.

duel au pistolet. A côté de ce motif principal, les scènes du miroir ne manquent pas. Leur importance ressort déjà du fait que le roman commence par une semblable scène de miroir. A peine était-il sorti du lit, qu'il se précipita sur un petit miroir rond qui était sur une commode. Quoique la figure endormie, avec des yeux de myope et la chevelure clairsemée, qui le regardait dans la glace, fût d'une médiocrité telle que certainement elle n'eût attiré l'attention de personne, son propriétaire semblait très content de ce qu'il voyait. A l'époque où il se sent le plus vivement persécuté par son Double, au buffet d'un restaurant, Goliâdtkine veut payer un petit pâté qu'il vient de manger, mais on lui demande d'en payer dix, en lui affirmant qu'il en a mangé autant. Son étonnement cesse quand, en levant les yeux, il voit une porte, « que notre héros a prise tout à l'heure pour une glace », et qu'il en voit sortir l'autre Goliâdtkine avec lequel on l'a confondu, et qui a osé le ridiculiser, lui faire subir cet affront. Notre héros commet une semblable erreur quand, en proie à un désespoir extrême, il se rend auprès de son chef hiérarchique pour lui demander sa protection « paternelle ». Sa conversation maladroite avec l'Excellence est brusquement interrompue par « un hôte bizarre ». Dans la porte que notre héros a prise jusqu'à présent pour une glace, ce qui lui est déjà arrivé une fois, apparaît — nous savons déjà qui — l'homme bien connu et l'ami de Goliâdtkine.

Goliâdtkine se comporte de façon si étrange envers ses collègues et ses supérieurs, qu'il est renvoyé. Mais la véritable catastrophe provient, comme dans les autres histoires de Doubles, d'une femme, de Claire Olsoufievna. Mêlé à une correspondance avec son Double et avec le « défenseur de la cuisinière allemande », Goliâdtkine reçoit secrètement une lettre qui excite de nouveau son érotomanie. Dans cette lettre, Claire lui demande de la sauver d'un mariage qui lui est imposé et de fuir avec elle, qui est déjà devenue la victime d'un misérable; elle se met sous la protection de son noble chevalier. Après de longues hésitations et réflexions, et malgré sa méfiance, Goliâdtkine se décide à suivre l'appel et à attendre Claire, comme convenu, dans une voiture devant sa maison.

Mais au moment d'aller au rendez-vous, il essaye, dans une dernière tentative, un autre arrangement. Il veut se jeter aux pieds de l'Excellence et lui demander, comme à un père, de le sauver de son Double exécrable. Il lui dirait : « Lui est un autre homme, Excellence, et moi aussi je suis un autre homme. Il est lui et moi je suis moi. Réellement moi, je suis moi », mais, devant son chef, il s'intimide, commence à bredouiller, de sorte que son chef et les invités sont intrigués. C'est surtout le docteur, celui qu'il a déjà consulté, qui l'observe avec insistance. Naturellement, son Double, qui jouit de la haute faveur du chef, se trouve présent et finit par le mettre à la porte.

Goliâdtkine a attendu longtemps caché dans la cour de la maison de Claire, étudiant le pour et le contre de l'entreprise. Brusquement, il est aperçu des fenêtres très éclairées de la maison, et invité par son Double, de la façon la plus aimable, à entrer dans la maison. Il croit son plan découvert et se prépare au pire. Mais il n'en est rien. Au contraire, tous le reçoivent avec amabilité et prévenances. Un sentiment de bonheur s'empare de lui. Il se sent plein d'amour non seulement pour Olsoufi Ivanovitch, mais aussi pour tous les invités, même pour son dangereux Double. Celui-ci d'ailleurs n'est plus méchant, il n'a même plus l'air d'être son Double, il paraît un homme indifférent et poli. Cependant le héros a tout de même l'impression que parmi les invités il se trame quelque chose contre lui. Il croit qu'on veut le réconcilier avec son Double et, en effet, il lui tend sa joue pour un baiser. Mais il sent que quelque chose de méchant va surgir dans la figure commune de Goliâdtkine le jeune, quelque chose comme la grimace du baiser de Judas. La tête de Goliâdtkine bourdonne, devant ses yeux tout devient subitement noir, une série infinie de Goliâdtkine lui paraît faire irruption avec fracas à travers la porte. En vérité, un seul homme entre, à l'aspect duquel notre héros est saisi d'effroi, quoique depuis longtemps il se fût attendu à quelque chose d'analogue. « C'est le docteur », lui souffle triomphalement le méchant Double. Le médecin entraîne avec lui le pauvre Goliâdtkine qui essaye de se justifier aux yeux des invités, et monte avec lui dans une voiture qui se met tout de suite en mouvement. Des cris stridents, poussés par ses ennemis le suivent comme adieux. Pendant un certain temps plusieurs formes courent encore à côté de la voiture et y jettent des regards. Bientôt, leur nombre diminue jusqu'à ce qu'elles disparaissent toutes, excepté le Double éhonté « qui tantôt à droite, tantôt à gauche, courant près de la voiture lui envoie des baisers ». Enfin, lui aussi disparaît et Goliâdtkine perd complètement connaissance. Quand il revient à lui au milieu de la nuit, son compagnon lui apprend que dorénavant il sera entretenu aux frais de l'État. « Notre héros poussa un cri, et prit sa tête dans ses mains. Hélas! Il avait pressenti cela depuis longtemps. »

Quoique les auteurs aient choisi des types différents pour figurer le Double, tous ces contes présentent tant de motifs analogues qu'il nous paraît presque inutile de les mentionner de nouveau en détails. Il s'agit toujours d'un Double qui ressemble trait pour trait au héros, même dans son nom, dans sa voix, dans son habillement, comme si l'auteur « l'avait volé à une glace ». Ce Double contrarie toujours les entreprises du héros et généralement c'est à propos d'une femme qu'éclate la catastrophe, qui est souvent le suicide, par la voie détournée de l'assassinat du persécuteur abhorré. Dans quelques contes, les événements sont liés à l'évolution d'une véritable folie de la persécution, dans d'autres, la description de cette folie est l'unique sujet du conte qui alors se développe avec tous les caractères de la folie paranoïaque (1).

(1) Une pareille persécution forme aussi le contenu de la nouvelle de Charles Dickens : *The haunted man*, « qui essaye de se débarrasser de tous les souvenirs désagréables de son passé ». Dans le *Christmas Carrol*, Scrooge rencontre également son propre Moi. Dans ces derniers temps, peut-être sous l'influence d'un intérêt grandissant de notre époque pour les études psychologiques, le motif du Double paraît de nouveau venir à la mode. Mentionnons ici les titres de quelques ouvrages seulement. Osbert Sitwell : *The man who lost himself*, où le Double apparaît deux fois dans la vie du héros. Une fois à un tournant de sa carrière, occasion à laquelle le héros tombe en syncope, et une deuxième fois à l'apogée de sa carrière et où le héros meurt de cette apparition. Dans le roman de Julien Green : *Le voyageur sur la terre*, le héros solitaire, Daniel O' Donovan, est poussé au suicide par son double qui lui veut du bien. Comme dans d'autres ouvrages antérieurs sur le même sujet (cf.

Nous avons souligné l'identité des traits principaux de ces différentes œuvres, non pas tant pour montrer la dépendance littéraire de leurs auteurs, certaine chez les uns, impossible chez les autres, que pour faire remarquer combien la structure intellectuelle de ces auteurs est la même. C'est ce que nous voulons maintenant étudier.

William Wilson), le caractère paradoxal de cet ange gardien est mis en relief. Enfin, mentionnons encore un livre de Edward Everett Hale : *My double and how he undid me*, et un conte de Conan Doyle : *The great Keinplatz experiment*.

3. Le dédoublement de la personnalité

> L'amour de soi-même est toujours le commencement d'une vie romanesque... car seulement quand le Moi est un problème, il y a un sens à écrire.
>
> Thomas MANN.

Nous ne voulons nullement tenter ici l'explication pathologique et encore moins l'analyse de la vie et des œuvres des auteurs que nous venons d'étudier. Nous avons seulement l'intention de démontrer qu'il existe dans leur constitution psychique certains éléments communs d'où découleront aussi, dans les œuvres littéraires, certaines ressemblances.

Le premier point commun qui unit tous ces auteurs étudiés, et d'autres aussi (1) du même genre, est un certain état pathologique de la personnalité qui dépasse dans plus d'un sens la névrose que nous admettons dans une certaine mesure chez chaque artiste. Ils étaient tous atteints soit de maladies nerveuses, soit de véritables maladies mentales et manifestaient leur excentricité par l'abus des boissons, des stupéfiants, de l'opium, par des

(1) Mentionnons Villiers de l'Isle-Adam, Baudelaire, Strindberg, Kleist, Gunther, Lenz, Grabbe, Hölderlin. Pour ceux qui s'intéressent à la pathologie de ces auteurs, nous signalons l'excellent ouvrage de Lange-Eichbaum, *Genie, Irrsinn und Ruhm*, Munich, 1928 (*Genie, Folie. Gloire*).

excès sexuels, surtout dans leurs formes anormales.

Hoffmann, fils d'une mère hystérique, était connu comme nerveux, excentrique, lunatique. Il souffrait d'obsessions, d'hallucinations qu'il aimait à décrire dans ses œuvres (1). Il avait peur de devenir fou et croyait parfois voir son Double ou tout autre spectre déguisé. Il voyait les Doubles et les spectres parfois avec une telle réalité quand il écrivait que, souvent, travaillant la nuit, pris de peur, il réveillait sa femme pour lui montrer ces fantômes (2). Après une beuverie, il note dans son journal : « Tourmenté par des idées de mort. Le double » (Hitzig, t. I, p. 174 et 275). Il est mort à l'âge de 47 ans, d'une maladie que Klinke considère comme chorée, mais que d'autres prennent pour une paralysie générale. En tout cas, sa mort est due à son état névropathique.

Jean-Paul était également tenaillé par la peur de la folie. Il a passé par de graves tourments psychiques avant de pouvoir produire des œuvres littéraires, et au centre de ces tourments était le problème du Moi. Son biographe, Schneider, a insisté sur l'importance qu'a eue cette disposition maladive sur les productions littéraires de Jean-Paul. Il raconte qu'un des souvenirs les plus extraordinaires de sa jeunesse a été, pour Jean-Paul enfant, la vision « de son moi », qui est descendue comme la foudre du ciel et est restée depuis flamboyante devant lui... Pendant ses études à Leipzig, cette puissante sensation du Moi l'a obsédé comme un spectre terrifiant (*l. c.*). Dans son Journal, le poète écrit en 1819 : « La nuit à Leipzig, après une conversation avec Oerthel, je le regarde, il me regarde aussi et tous deux nous avons horreur de notre Moi. » Dans *Hespérus*, il fait apparaître son Moi

(1) Cf. Klinke, *l. c.*, Schaukal (*Die Dichtung E. Th. Hoffmanns*, Berlin, 1904) et toutes les autres sources citées dans cet ouvrage, surtout Hitzig, *Aus Hoffmanns Leben* 2 vol., Berlin, 1923). Hoffmann, grand connaisseur de la littérature de psychiatrie et d'occultisme, y a puisé ses inspirations. C'est surtout à Schubert, auteur très lu à cette époque, que Hoffmann est très redevable. Dans une publication, *Symbolik* (p. 151), parue en 1814, on peut lire que le sentiment d'une double personnalité est ressenti dans le somnambulisme et dans la convalescence après de longues maladies, comme dans la folie et le rêve.

(2) Dans *Lui*, de Maupassant, le héros prend femme pour être gardé contre de tels fantômes.

comme un spectre effrayant dont l'aspect agit sur le spectateur comme l'œil du basilic. Là, nous voyons déjà comment l'auteur représente sa folie sous une forme littéraire. Il ne peut plus se débarrasser de la vision de son propre moi et quand il est seul, il s'y perd de plus en plus... D'un moi ressenti d'abord confusément dans l'abstrait (dans *Loge invisible*) et variant d'après les circonstances, se développe peu à peu le Moi, qui, tantôt fluide et tremblant comme dans un rêve, se tient près de son propre moi, tantôt comme un reflet, se dresse menaçant dans la glace, se met en mouvement et veut même sortir du miroir. Et Jean-Paul exagère de plus en plus cette idée terrifiante du Moi (Schneider, *l. c.*) dans ses productions, comme nous l'avons déjà montré dans le chapitre précédent.

Quand on parle de Hoffmann, on songe tout de suite à Poe, dont la vie a été aussi excentrique que l'œuvre (1). Comme chez Hoffmann et chez Jean-Paul, la vie dans la maison paternelle chez Poe ne fut pas heureuse, car il perdit son père et sa mère à l'âge de deux ans et fut élevé par des parents. Pendant son adolescence, il tomba dans une mélancolie grave, après la mort de la mère d'un de ses amis, pour laquelle il avait une profonde vénération. Vers la même époque, il commença à boire et sombra dans l'ivrognerie, à laquelle, dans les dix dernières années de sa vie, il ajouta aussi l'opiomanie. A l'âge de vingt-sept ans, il épousa sa cousine qui venait d'avoir quatorze ans. Celle-ci mourut quelques années plus tard de tuberculose, maladie à laquelle avaient succombé également les parents de Poe. Bientôt après la mort de sa femme, Poe eut son premier accès de *délirium*. Un nouveau mariage projeté n'eut pas lieu, parce que la veille du mariage, sous l'empire de l'alcool, Poe se livra à de véritables excès (2). Dans l'année même de sa mort, il renoua

(1) Hans Heins Ewers, *Poe*, Berlin, 1905. H. Probst, *Poe*. Une étude psychanalytique a été publiée par Joseph W. Krutch, *Edgar Alan Poe. A study in Genius* (New York, 1926). Une étude de Marie Bonaparte sur le même sujet paraîtra bientôt.

(2) Baudelaire explique finement, dans son *Essai sur Poe*, ce scandale par le désir du poète de provoquer la rupture de ses fiançailles pour garder fidélité à sa femme défunte.

des rapports avec une ancienne maîtresse devenue veuve. Il mourut âgé de trente-sept ans, dans un accès de *délirium*. Outre l'alcoolisme et l'épilepsie, Poe était atteint aussi d'idées obsessionnelles, comme surtout la crainte d'être enterré vivant ou la tendance maladive à chercher minutieusement le pourquoi de toute chose (voir les nouvelles : *Bérénice, The tell-tale Heart*). Son pathographe Probst le déclare efféminé, et insiste sur l'asexualité de son imagination et son absence d'amour sexuel, ce qu'il considère comme une conséquence de sa passion pour l'alcool et l'opium. Il l'appelle aussi un égocentriste « dont toutes les pensées ne tournent qu'autour de son propre Moi ». On considère généralement la nouvelle *William Wilson* comme une confession de Poe, dans laquelle il décrit la vie d'un homme que la passion pour le jeu et la boisson détruit et qui finit par se tuer, malgré les efforts de son meilleur « moi ».

La vie de Maupassant (1) nous offre un exemple d'un tragique analogue, quoique plus poignant. Lui aussi, comme Hoffmann, fils d'une mère hystérique, a été fortement prédisposé à sa maladie mentale, qui cependant a pris son origine dans une cause externe (2). Si Poe a commis des excès d'alcool, Maupassant en a commis dans l'amour. Zola dit qu'il était un formidable coureur, qu'il a rapporté de ses exploits les histoires les plus invraisemblables dont Flaubert riait jusqu'aux larmes. Un jour, Maupassant, âgé de 28 ans, se plaint à Flaubert que les femmes n'excitent plus chez lui aucun intérêt. A quoi Flaubert, avec sa crudité connue, lui reproche ses excès amoureux et sportifs. Cependant, à cet âge, Maupassant était un homme vigoureux, sain, aventureux, d'une puissance de travail simplement miraculeuse (3).

Mais déjà dans sa trentième année, les premiers symptômes de la paralysie générale à laquelle il devait suc-

(1) Paul Mahn, *Maupassant*, Berlin, 1908 ; Gaston Vorberg : *Maupassants Krankheit* (*La maladie de Maupassant*).

(2) Cette prédisposition est prouvée aussi par le fait que le frère cadet de Maupassant est mort également de paralysie générale.

(3) De 1880 à 1890, Maupassant a publié, en dehors d'innombrables articles de journaux, 16 tomes de nouvelles, 6 romans et 3 volumes de descriptions de voyages.

comber à l'âge de quarante-trois ans se manifestent. Ses petits contes du début, sous forme d'anecdotes plaisantes, parfois éclatantes d'une sensuelle gaieté de vivre, cèdent lentement le pas à des confessions moroses où une profonde mauvaise humeur semble dominer. Dans son livre *Sur l'eau*, 1888, nous rencontrons un état de ce genre sous forme de journal. Peu à peu, Maupassant demande de l'aide aux différents stupéfiants, et semble en avoir retiré quelque profit momentané. Il avoue avoir écrit, sous l'influence de cette excitation particulière, plusieurs œuvres. Comme Poe, Hoffmann et Baudelaire, il souffrait, quoique pour une autre cause, d'hallucinations et d'illusions qu'il a souvent décrites dans ses œuvres. Plus tard, il eut des idées de grandeur et des idées de persécutions qui l'ont même conduit à une tentative de suicide. Depuis longtemps déjà, il luttait contre « l'ennemi intime » qu'il a si magistralement dépeint dans *le Horla*, qui, comme *Lui* et beaucoup d'autres contes, n'est pas autre chose qu'une poignante autobiographie. Il a depuis longtemps reconnu cette double vie en lui-même. « *C'est que je porte en moi cette seconde vue qui est en même temps la force et toute la misère des écrivains. J'écris parce que je comprends et je souffre de tout ce qui est parce que je le connais trop et surtout parce que sans le pouvoir goûter, je le regarde en moi-même dans le miroir de ma pensée* » (*Sur l'eau*, 10 avril).

Maupassant est égocentriste comme Poe. « Tout le fatigue vite de ce qui ne se produit pas en lui-même. » Malgré une vie sexuelle intense, il n'a jamais connu le véritable bonheur dans l'amour, tout en le supposant dans son for intérieur, comme le plus grand bien sur terre. Ce sont précisément les femmes qui lui font le plus intensément sentir qu'il est incapable d'un véritable dévouement. Dans *Solitude*, il dit que ce sont surtout les femmes qui lui font sentir la solitude. Ce sentiment d'isolement augmente après chaque enlacement. Même dans les moments où semble s'établir une communion énigmatique, où désir et jouissance se confondent, où on croit pouvoir pénétrer jusque dans les profondeurs d'une âme féminine, un mot, un unique mot lui fait reconnaître son erreur et lui montre, avec la rapidité de l'éclair, l'abîme qui le sépare de la femme aimée. Si dans *Solitude*, son Moi l'empêche d'arriver jusqu'à la femme, dans *Lui*, il essaie de se réfugier dans le sein d'une femme contre le terrible Moi. Cette fissure dans l'âme de Maupassant devait fatalement amener son imagination à s'objectiver dans un Double. Sollier (1) nous rapporte une hallucination de ce genre que Maupassant a eue en 1889 et qu'il a racontée le soir même à un ami. Il était dans son bureau à sa table de travail; le domestique avait l'ordre formel de ne laisser entrer personne. Brusquement Maupassant a l'impression qu'on ouvre la porte. Il se retourne et, à son très grand étonnement, il voit sa propre personne entrer, s'asseoir en face de lui tenant sa tête dans sa main. Tout ce que Maupassant écrit lui est dicté et, quand après avoir terminé il se lève, l'hallucination disparaît.

D'autres écrivains ont eu des hallucinations analogues. La plus connue est probablement celle que Goethe décrit à la fin du chapitre XI, t. III, de son autobiographie (*Fiction et Vérité*). Goethe, après avoir dit adieu à Frédérique, était à cheval dans un sentier, se dirigeant vers Drusenheim. Brusquement, il a une vision des plus bizarres. « Je me vis non pas avec les yeux du corps, mais avec les yeux de l'esprit, à cheval sur le même chemin, venant à l'encontre de moi-même, vêtu comme je ne l'avais jamais été, d'un habit gris brodé d'or. Quand je me réveillai de ce rêve, le fantôme avait complètement disparu. Mais il est bizarre que, huit ans après ces événements, me trouvant sur le même chemin pour revoir Frédérique, je portais cette fois-ci le vêtement que j'avais vu en rêve et que j'avais mis non par choix, mais par hasard. Quoi qu'il en soit de ces choses, pour moi cette bizarre rêverie a été, dans ces moments de rupture, d'une certaine consolation. La douleur de quitter pour toujours la merveilleuse Alsace, avec tout ce que j'y ai trouvé, était diminuée. » Ici, le désir de ne pas avoir à quitter sa

(1) Sollier, *Les phénomènes d'autoscopie*, Paris, 1913, Félix Alcan.

maîtresse est sans doute l'origine de cette auto-apparition qui se meut dans une direction opposée (1).

Des hallucinations analogues se trouvent dans Shelley (2).

Il est intéressant de constater que Chamisso, l'auteur de *Peter Schlemihl*, a raconté une vision analogue du Double dans une de ses œuvres. Il raconte comment, rentrant d'un banquet après minuit, il a trouvé sa chambre occupée par un Double, exactement comme Maupassant dans *Lui*, Dostoïewsky dans *le Double*, Kipling (3) et d'autres. Entre Chamisso et son Double naît une discussion pour savoir lequel est le véritable Chamisso (4). L'écrivain se dépeint comme ayant toujours tendu vers le beau, le bien, le vrai, tandis que son Double se vante d'avoir été lâche, simulateur et égoïste. L'écrivain vaincu cède la place à son Double qu'il reconnaît comme le véritable Moi.

Comme la plupart des ouvrages que nous venons d'étudier, *Peter Schlemihl* est généralement considéré comme une véritable autobiographie de Chamisso. Ce dernier écrit à Hitzig : « Peter Schlemihl c'est moi ou

(1) Freud, dans une communication orale, explique l'apparition de Goethe dans un vêtement bizarre (vêtement de cérémonie) comme une justification et une explication d'un acte d'infidélité qui permettrait à Goethe de viser à d'autres buts plus élevés.

(2) Downey, *Litterary self projection. Psychol. rev.*, t. XIX, 1912, p. 299. D'après Cluton-Brock, *Shelley, The man and the poet*, le poète rencontre sa propre personne qui lui demande : *How long do you mean to be content?* Peu de temps auparavant, Shelley a lu une comédie de Calderon (*El Embozado o El Encapotado*), dans laquelle paraît un Double. Des visions d'autres Doubles chez des personnages historiques sont rapportées. La reine Élisabeth agonisante aurait été vue par une dame de la cour dans une partie éloignée du palais. On raconte que Lady Diana Rich et Lord Napier auraient chacun rencontré leur Double peu de temps avant de mourir. W.-T. Stead rapporte des faits analogues dans le chapitre *The thought body or the double* de son livre *Real Ghost Stories*, paru en 1921.

(3) Dans *Wilhelm Meister* (de Goethe), le comte croit voir son Double assis à son bureau. Cette vision l'a tellement saisi que depuis son caractère s'est altéré. Il est devenu mélancolique avec des idées de mort.

(4) Cette opposition du Double au Moi comme personnification de tous les mauvais instincts se trouve très nettement représentée chez Stevenson (Dr Jekyll) et chez Dostoïewsky (Goliâdtkine). Dans *L'Étudiant de Prague*, cette opposition n'est pas aussi marquée, tandis que chez Poe, dans *William Wilson*, le Double joue le rôle d'un ange gardien.

plutôt moi-même, je suis dans son corps (1). » Cette affirmation est corroborée par l'extérieur de Schlemihl et quelques traits de son caractère, et aussi par la description d'autres personnages pour lesquels l'écrivain a trouvé des modèles dans son entourage. Son domestique s'appelait Bendel. Le modèle de la coquette frivole et jouisseuse Fanny était Cérès Duvernay, une jolie mais égoïste compatriote (2) de l'écrivain qui l'a pendant des années rendu tour à tour heureux et malheureux. La dévouée et romantique Minna rappelle la courte idylle amoureuse de Chamisso avec la poétesse Helmina de Chézy. L'anecdote suivante, qui d'après Chamisso aurait été l'origine de cet ouvrage, montre les sources si profondément personnelles de ce conte. « J'avais, écrit Chamisso, perdu dans un voyage mon chapeau, mes gants, mon mouchoir, mon sac à main, bref, tous mes bagages, c'est alors que Fouqué me demanda si par la même occasion je n'avais pas aussi perdu mon ombre et nous discutâmes ensuite sur les conséquences d'un tel malheur (3). » Cette

(1) Ludwig Geiger : *Aus Chamissos Fruhzeit. Ungedruckte Briefe und Studien*, Berlin, 1905 (nouvelles lettres et études sur l'adolescence de Chamisso) ; Fr. Chabozy : *Uber das Jugendleben Chamissos* (Sur la jeunesse de Chamisso).

(2) Chamisso lui fait des reproches dans une lettre écrite en français : « Tu as dans ton triste égoïsme et dans ton faux orgueil, ma chère sœur, un vice que j'ai quelquefois repris avec véhémence et qu'il faut que je gourmande encore puisqu'il m'alarme et que c'est moi qu'il peut offenser. »

(3) Une autre fois, d'après le récit d'un ami, Chamisso se promenait avec Fouqué au soleil. Le soleil les éclairait de telle manière que, d'après son ombre, le petit Fouqué parut aussi grand que Chamisso qui était de haute stature. Celui-ci aurait ensuite taquiné son ami en le menaçant de dérouler sa propre ombre devant lui. On a beaucoup discuté la signification de l'ombre de Schlemihl, et la littérature est riche à ce sujet. (Voir Julius Schapler : *Chamisso-Studien*, 1909). On a voulu voir dans cette ombre une allégorie de la patrie, de la situation dans le monde, de la famille, de la confession, des décorations et des titres, de la réputation, du savoir-vivre, et, en conséquence, dans l'absence de l'ombre, l'absence de ces biens. Chamisso a toujours été sceptique vis-à-vis de ces explications et il ne s'est décidé à admettre seulement que la perte de l'ombre signifiait la perte des distinctions honorifiques. Ceci n'empêche nullement que l'ombre ne puisse avoir d'autres significations inconnues (même inconscientes), comme du reste Chamisso en a indiqué plusieurs. Une remarque que Chamisso a faite devant un ami quelques semaines avant de mourir est en ce sens intéressante qu'elle rappelle une superstition qui a cours dans le peuple. « Les gens m'ont sou-

anecdote montre nettement que le maladroit et timide Chamisso passait parmi ses amis pour une sorte de Schlemihl (1).

Quelques poésies montrent que Chamisso s'est toujours considéré comme une sorte de Schlemihl. Ainsi, dans *Guigne* (Pech) et *Patience* (Geduld), toutes deux écrites en 1828, quand le poète était âgé de cinquante ans, il dit que son malheur a commencé dans son enfance. L'année de son mariage, en 1819, il a écrit la poésie *Adalbert à sa fiancée,* où il décrit la noble consolation que l'amour apporte au poète pour ses nombreux renoncements. Dans une lettre de la même année, il se déclare heureux d'avoir trouvé une fiancée aimante et de ne pas être devenu un Schlemihl. Lui-même établit ainsi le lien entre le caractère qu'il a tracé de Schlemihl et son impuissance en amour, comme tous les autres héros, prisonniers de leur amour pour eux-mêmes, qui sont incapables d'amour sexuel. On ne niera pas non plus que Chamisso-Schlemihl ne possède une certaine dose de vanité quand il termine une lettre au poète Fouqué par le conseil suivant : « Si tu veux vivre parmi les hommes, apprends

vent demandé ce que signifiait l'ombre. S'ils voulaient me demander maintenant ce que signifie mon ombre, je leur répondrais : c'est la santé qui me manque. L'absence de mon ombre est ma maladie » (voir Franz Kern : *Zu deutschen Dichtern*, Berlin, 1895, p. 115).

(1) A propos du nom Schlemihl, Chamisso écrit le 27 mars 1821, à son frère Hippolyte : « Schlemihl, ou plutôt Schlemiel, est un mot hébraïque et signifie Théophile ou aimé de Dieu. Dans le jargon juif, on appelle de ce nom des gens malheureux ou maladroits auxquels rien ne réussit. Un Schlemihl peut se casser les doigts en les fourrant dans la poche de son gilet, il peut tomber sur le dos et se casser le nez. Il arrive toujours au mauvais moment. Schlemihl, dont le nom est devenu proverbial, était un personnage dont le Talmud raconte l'histoire suivante : Il avait des relations avec la femme d'un rabbin ; découvert, il est tué. L'explication de cette courte histoire montre la malchance d'un Schlemihl qui doit payer cher ce que d'autres ont pour rien ».

D'après Heine (*Romanzero*, 3e livre, 4e poème. « Jehuda ben Halévy ») ce dernier malheur est représenté d'une façon encore plus caractéristique : Pincas voulant poignarder Zimri, l'amant d'une femme mariée, frappe l'innocent Schelumiel (Schlemiehl).

D'autres font dériver ce nom du yidisch : *Schlimm mazel* (mauvaise fortune), voir *Jewish Encyclopedia.* D'après Anton (*Wörterbuch der Gauner- und Diebssprache* (Dictionnaire de l'argot des voleurs), Magdebourg, 1843), le mot signifierait guignard, et dériverait de la langue juive qui a fourni beaucoup d'éléments à cet argot.

d'abord à respecter l'ombre et ensuite l'argent. Mais si tu veux vivre seulement pour toi et pour le meilleur de toi-même, tu n'as besoin d'aucun conseil. » Walzel aussi dit que la morale de l'histoire est que l'homme doit reconnaître à temps *qu'il n'a besoin que de lui-même pour être heureux.*

On est frappé en constatant que tant de ces auteurs sont morts de maladies nerveuses ou mentales (Hoffmann, Poe, Maupassant, Lenau, Heine, Dostoïewsky). Si nous retenons de cette constatation seulement qu'il existait une certaine disposition nerveuse, nous ne devons pas oublier que cette névrose s'est manifestée avant l'éclosion de la maladie à laquelle ces hommes ont succombé. Ainsi Lenau a été instable, mélancolique, sombre, avec des idées de suicide (1). Heine était lunatique avant d'avoir été terrassé par l'ataxie tabétique (diagnostic discuté dernièrement). Le fossé profond entre la sensibilité et l'intellectualité chez ces auteurs, la précocité avec laquelle ils se sont rendu compte de cette dualité dans leur nature est aussi très caractéristique. Nous avons déjà vu comment Jean-Paul a réagi à cette première rencontre avec son Moi. Heine et Musset font des confessions analogues. Heine écrit dans ses *Mémoires* qu'étant enfant il a subi « une altération de sa personnalité » et il a cru mener la vie de son grand-oncle (2). Musset raconte que déjà, dans son enfance, s'est développé un dualisme très marqué dans sa vie psychique (3). Nous avons vu quelle forme délicate a pris ce dualisme, avec le temps, chez Musset, quand nous avons étudié le poème où il décrit l'apparition de son Double à chaque événement important de sa vie. Dans sa *Confession d'un enfant du siècle,* le poète décrit sa mauvaise humeur et ses accès de colère : le premier de ces accès lui arriva à l'âge de dix-neuf ans, à la suite d'une scène de jalousie avec sa maîtresse (4). Ces accès

(1) Voir l'étude psychographique de I. Sadger (*Schriften zur Angew. Seelenkunde*, éditée par Freud, t. VI, 1910).

(2) Rien ne nous fait plus peur que de voir par hasard, par un clair de lune, notre visage dans un miroir (Heine, *Harzreise*).

(3) Voir la biographie du poète par son frère Paul et aussi Paul Lindau : *Alfred de Musset*, 2e éd., Berlin, 1877.

(4) Dans son premier recueil de poésies qu'il a publié à l'âge de dix-huit ans, Musset traite presque uniquement de l'adultère, de l'infidélité et des duels entre rivaux dont l'un est toujours tué.

de jalousie se répètent plus tard, surtout pendant ses amours avec George Sand, plus vieille que lui, amours que tous deux ils qualifient d'incestueuses. Après la rupture, Musset, toujours très léger, s'adonne à la boisson, aux excès sexuels et dépérit physiquement autant que moralement.

Nous terminons la série de ces écrivains pathologiques par deux auteurs qui ont présenté des symptômes névrotiques des plus graves. Chez Ferdinand Raimund, la prédisposition à la maladie a certainement joué le même rôle (1) que chez les autres écrivains, mais chez lui, il s'agissait tout de même de quelque chose de plus que d'une simple prédisposition, puisque ces graves états dépressifs de mélancolie et d'hypocondrie se sont terminés par le suicide. Déjà, dans son adolescence, il s'était montré excessivement irritable, coléreux, méfiant. Il avait des impulsions au suicide. Il a même au cours de sa vie tenté plusieurs fois de se suicider, jusqu'au moment où il sombra dans une véritable folie. Dans son étude autobiographique, Raimund écrit : « A la suite des efforts intellectuels et physiques incessants et de mes ennuis, j'ai fait, en 1824, une maladie nerveuse qui m'a presque ruiné. » Il se croyait dupé par de faux amis. Ses accès de colère étaient suivis d'une résignation mélancolique profonde. Il souffrait d'insomnies. Une série d'amourettes malheureuses s'est terminée par un mariage également malheureux, suivi bientôt d'un divorce. Mais le pauvre homme redevint de nouveau esclave de sa triste passion pour la femme qui, comme il le dit lui-même, le dominait entre toutes. Son dernier grand amour pour la fameuse actrice Toni ne fut pas non plus tout à fait heureux, mais il sentait bien que la faute en était à lui, qu'il était complètement incapable d'aimer. Il est probable que ce sentiment de faiblesse a été la principale cause de cette impulsion au suicide qui sommeillait en lui. Cette véritable cause du suicide final a été masquée pour des raisons psychologiques par une crainte de la rage. Car déjà avant sa fin brutale, on reconnaît chez lui les signes d'un pro-

(1) Sadger : *F. Raimund, Une étude pathologique.*

fond dérangement mental. En 1831, Raimund écrit au romancier Spindler : « Ce qui me mine est très mauvais et a son siège au plus profond de moi-même. Je vous assure que les succès de mes comédies naissent de mon profond désespoir. On ne verrait pas sur ma figure quel triste amuseur je suis (1). » L'auteur devient de plus en plus exigeant, méfiant, mélancolique. A toutes ses craintes se joignent aussi celles de perdre sa voix déjà naturellement faible. Quatre ans avant sa mort, il était dans un tel état que Costenoble note dans son journal : « Ou Raimund deviendra fou, ou il se suicidera. » Dans l'année de sa mort, son hypocondrie et son anxiété devinrent insupportables. Il fermait à 7 h 1/2 du soir portes et fenêtres. Même le facteur voulant lui remettre une lettre importante ne pouvait pas le décider à ouvrir la porte. Il ne sortait jamais sans arme (Boerner). Dans les dernières semaines de sa vie, tourmenté par la peur, il verrouillait complètement sa porte et ne voulait même plus recevoir sa maîtresse (Castle). A cette époque, un chien l'avait mordu (2). La crainte d'avoir attrapé la rage, crainte qui déjà dix ans auparavant l'avait tourmenté, le saisit de nouveau et cette fois il se suicida.

Ces traits pathologiques font comprendre qu'on ait vu, dans *Le roi des Alpes et le Misanthrope*, l'écrivain peint pa r lui-même. Grillparzer a donné à Raimund le conseil de remanier sa pièce parce que dans cet étrange héros il paraissait quelque peu se copier (3). Sauer est encore

(1) Œuvres de Raimund éditées par Castle; cf. aussi, pour d'autres détails biographiques, Wilhelm Boerner, *F. Raimund.*

(2) Peut-être l'effet de cette morsure pourrait-il se rattacher à un fait rapporté par Castle, d'après lequel Raimund ayant eu une discussion avec sa fiancée immédiatement avant son mariage, aurait été mordu au doigt par elle.

(3) Raimund avait l'idée d'une pièce où, au lieu d'un échange de corps, il s'agirait d'un échange d'âmes. La pièce, dont le titre devait être : *Une nuit sur l'Himalaya*, n'a pas été écrite (Boerner, p. 71). En dehors de Loufoque, et du Dissipateur, Raimund a également divisé le personnage de Wurzel (Le paysan millionnaire) et opposé à l'homme l'adolescent et le vieillard. Nous nous occuperons plus tard de ce motif du vieillissement. Boerner (p. 93) raconte que Raimund enfant, voulant devenir acteur, restait pendant des heures devant la glace en faisant des grimaces et en essayant d'élargir sa bouche.

plus net (1). Il écrit : « Raimund pouvait se jouer lui-même, se mettre en scène. Pour son Loufoque, Raimund a été son propre modèle. Il a essayé de se débarrasser de sa mélancolie par cette copie. Dans un poème intitulé *Renoncement*, écrit après la première représentation de la pièce (17 oct. 1828), Raimund dit qu'il a ressenti sur lui-même l'action libératrice de sa pièce.

On ne peut pas douter de la grave affection mentale de Dostoïewsky, même si le diagnostic d'épilepsie reste douteux. Il a de bonne heure été bizarre, timide, recherchant la solitude. Il était, comme Raimund, très méfiant. Il voyait partout soit une offense personnelle, soit l'intention de l'agacer et de le contrarier (2). Pendant qu'il était élève au « Polytechnicum », il avoue avoir eu des crises légères, probablement d'épilepsie. De même que Poe, qui, lui aussi, était atteint d'épilepsie, il avait peur d'être enterré vivant. Cela montre qu'il est inadmissible d'affirmer que sa maladie ait éclaté seulement dans l'exil (3). Au contraire, Dostoïewsky écrit expressément que sa maladie a disparu depuis son arrestation et que pendant toute la durée de son exil, il n'a pas eu un seul accès. Sa femme note dans son journal que, d'après ses propres paroles, Dostoïewsky serait devenu fou si la catastrophe de sa condamnation à mort muée en exil n'avait pas éclaté. Cette punition l'aurait débarrassé d'un sentiment de culpabilité qu'il traînait depuis son enfance.

(1) *Raimund. Étude de son caractère*, dans : *Allgemeine Deutsche Biographie*, t. XXVII, p. 736 à 754.

(2) Dr Tim Segaloff, *La maladie de Dostoïewsky*, Munich, 1907.

(3) Merejkowsky (*Tolstoï et Dostoïewsky*) fait une constatation qui prouve bien que la maladie a débuté pendant l'enfance de Dostoïewsky. Il est très probable que le puritanisme du père, sa nature morose et coléreuse, sa profonde méfiance aient exercé une forte impression sur Fédor Mikhaïlovitch... Un seul des biographes de Dostoïewsky soulève ici le voile qui couvre un secret de famille, mais il ne le lève que pour un instant et le laisse ensuite retomber. En parlant de l'étiologie de l'épilepsie chez Dostoïewsky, il note d'une façon obscure et pleine de réticences qu'il existe une légende spéciale concernant la maladie de Fédor Mikhaïlovitch, qui fait allusion à un événement tragique, survenu au sein de sa famille pendant sa toute première enfance. Quoique ce biographe tienne ce secret d'un proche parent de Fédor Mikhaïlovitch, il n'a pu nulle part obtenir confirmation. En conséquence, il ne peut se décider à en publier les détails (voir aussi : N. R. F., mai-juin 1931, *Lettres d'A. Gide*).

Ces accès ont réapparu plus tard, après le retour de Dostoïewsky, avec plus de fréquence et d'intensité. A maints endroits de ses œuvres, on en trouve une magistrale description (1). Dostoïewsky dit de ses accès que pendant quelques instants, ils lui causent « une félicité qu'on ne peut pas ressentir dans une vie ordinaire et dont un autre homme ne peut se faire une idée... Cette sensation est si forte, si douce, qu'on donnerait pour quelques secondes d'une telle félicité dix ans et peut-être même toute sa vie ». Mais après chaque accès, il était fortement déprimé. Il se sentait comme un criminel, comme si une faute inconnue pesait sur lui (2).

Il a été excentrique en tout : en jouant aux cartes, en se donnant à ses débordements sexuels, en recherchant des peurs mystiques. Il écrit de lui-même : « Partout et toujours je suis allé jusqu'à l'ultime limite, dans toute ma vie j'ai toujours dépassé les bornes. » Pour compléter cette caractéristique, il faut ajouter que, excentrique comme Poe, il avait aussi comme lui une haute estime et une haute idée de lui-même. A peu près à l'époque où il écrivait le *Double*, c'est-à-dire encore adolescent, il écrit à son frère : « J'ai un vice effroyable, un amour incommensurable pour moi-même et une ambition sans bornes. » Son pathographe dit qu'il a été un mélange de toutes sortes d'amour de soi-même. La vanité et l'amour de leur propre personne caractérisent beaucoup de ses héros, mais surtout le paranoïaque Goldiâdtkine, auquel Dostoïewsky a prêté beaucoup de traits de son propre caractère, et qu'il qualifie lui-même à plusieurs reprises de « confession » (Hoffmann, *l. c.*, p. 49). D'après les explications de Merejkowsky, le motif du Double est, chez Dostoïewsky, un problème de son Moi intime : « Ainsi tous les couples tragiques et en lutte appartiennent à l'humanité la plus vivante, la plus réelle. Ils apparaissent à eux-mêmes et

(1) Merejkowsky et N. Hoffmann *F.-M. Dostoïewsky*, 1899, *l. c.*

(2) Merejkowsky : Pendant les derniers jours de son séjour à Pétersbourg, il écrit : « J'ai tous les dix jours une attaque et puis je reste pendant cinq jours anéanti. Je suis un homme perdu. Ma raison a réellement souffert, voilà la vérité. Je le sens. Mon désarroi nerveux m'a souvent rapproché de la folie. »

à d'autres comme des entités totales, mais en réalité ils ne sont que les deux moitiés d'une troisième personnalité divisée, des moitiés qui, comme des Doubles, se cherchent et se poursuivent. » Sur le caractère morbide de Dostoïewsky, Merejkowsky continue : « En réalité, quel bizarre artiste est Dostoïewsky, qui, avec une curiosité insatiable, fouille seulement dans les maladies et encore seulement dans les plus horribles, les plus honteux ulcères de l'âme humaine. Quels bizarres héros sont ces « bienheureux », ces possédés, ces idiots, ces fous, ces vésaniques. Peut-être n'est-il pas autant artiste que médecin des maladies mentales, auquel on devrait dire : « Médecin, guéris-toi toi-même. »

Il existe donc entre les différents auteurs que nous venons d'étudier un accord psychologique si étroit que, pour le résumer, il suffit d'en mettre en relief l'élément fondamental. La prédisposition pathologique aux troubles nerveux et mentaux occasionne une division très prononcée de la personnalité, avec affirmation toute particulière du complexe du moi. A cette disposition correspond chez ces écrivains un intérêt anormalement fort pour leur propre personne, leur état d'âme et leur destin. Elle conduit à un comportement caractéristique dans la vie, dans le monde, tout particulièrement vis-à-vis de l'amour, pour lequel l'harmonie nécessaire ne peut s'établir : incapacité absolue à l'amour ou hypertension du désir amoureux conduisant à ce même effet négatif qui caractérise les deux pôles entre lesquels oscille cette disposition introspective vis-à-vis du propre moi. Ces remarquables et larges concordances dans l'essence et dans quelques traits du type décrit, nous donnent une explication psychologique de l'analogie avec laquelle, sauf pour quelques détails infimes, le sujet est traité par les différents auteurs et nous expliquent aussi leur prédilection pour ce sujet, qui dépasse la dépendance littéraire ou l'imitation.

Mais l'individualité personnelle de l'écrivain ne nous explique pas complètement pourquoi il choisit pour représenter ses créations une forme qui, dans ses traits essentiels, se répète identiquement. Cette forme paraît même étrangère, disproportionnée, à la personnalité de l'écrivain et même en opposition complète avec le reste de sa mentalité. Le lecteur peut ne pas bien comprendre, quoiqu'il suive avec passion ces auteurs, pourquoi ils ont représenté le Double sous forme d'ombre, de reflet ou de portrait. Il semble cependant qu'il existe sur ce point, entre lui et l'écrivain, une harmonie supra-individuelle qui, dans son inconscient, donne à ces motifs une résonance mystérieuse. Le chapitre suivant nous servira à développer quelle part les traditions ethnographiques, le folklore, la mythologie, ont dans cet acte psychologique. Nous montrerons comment, par ces œuvres littéraires, revivent dans chaque individu de vieilles résonances, et sur quelle base psychologique commune repose la représentation superstitieuse et artistique des sentiments.

4. L'ombre, représentation de l'âme

J'ai cru que l'ombre de l'homme était sa vanité.

NIETZSCHE.

Les idées superstitieuses concernant l'ombre sont encore vivaces parmi nous. Les poètes Chamisso, Andersen, Goethe le savaient bien en s'y référant.

En Autriche, en Allemagne et aussi en Yougoslavie, on joue le jeu de société macabre suivant : dans la nuit de Noël ou du Jour de l'An, on allume une bougie ; celui qui ne projette pas d'ombre sur le mur de la pièce ou projette une ombre sans tête doit mourir dans l'année même (1). Les Juifs font une épreuve analogue dans la septième nuit de leur fête des Cabanes : ils vont au clair de lune. Celui dont l'ombre est sans tête doit mourir dans l'année (2). Dans quelques pays germaniques, on croit que celui qui met le pied sur sa propre ombre doit mourir. En opposition avec la croyance d'après laquelle celui qui ne projette point d'ombre doit mourir, il existe une

(1) Vernaleken, *Mythen und Bräuche des Volkes in Osterreich*, p. 341 ; Reinsberg, *Das festliche Jahr*, p. 401 ; Wuttke, *Der deutsche Volksaberglaube*, t. II, p. 207, parag. 314.

(2) Rochholz : *Ohne Schatten, ohne Seele, der Mythus vom Korperschatten und vom Schattengeist* (Germania, V, 1860), contenu dans : *Deutscher Glaube und Brauch*, t. I, 1867, p. 59-130. (Les citations sont tirées de ces ouvrages.) En ce qui concerne spécialement les traditions juives sur l'ombre, voir Gaster, *Germania*, t. XXVI, 1881, p. 210.

autre croyance allemande, d'après laquelle celui qui à la Chandeleur voit son ombre double, sera enterré avant la fin de l'année (1).

Ces superstitions et ces craintes concernant l'ombre qui existent chez les peuples cultivés de nos jours trouvent leur pendant dans de très nombreuses coutumes, répandues chez les sauvages (les Tabous). Dans la riche collection de coutumes que Frazer (2) a rapportée, on voit qu'à nos croyances superstitieuses répondent des croyances religieuses chez les sauvages. Negelein dit que la tentative de tuer un homme par la blessure de son double est très répandue (3) et qu'elle était déjà connue de l'antiquité. D'après une croyance hindoue, on tue un ennemi quand on frappe au cœur son effigie ou son ombre (Oldenbourg : *Véda*, p. 508). Les peuples primitifs possèdent une quantité énorme de tabous se rapportant à l'ombre. Ils croient que chaque tort fait à l'ombre frappe son possesseur. Ils craignent de laisser tomber leur ombre sur certains objets (surtout les aliments). Ils redoutent l'ombre d'autres personnes (surtout des femmes enceintes, des belles-mères, etc. ; Frazer, *l. c.*, p. 83 et suiv.) et veillent à ce que personne ne traverse leur ombre.

(1) Wuttke, *l. c.* ; les Slovènes ont la même superstition pour la nuit de Noël ; Negelein, *Bild, Spiegel und Schatten im Volksglauben.*

(2) Frazer, *The golden bough. Taboo and the perils of the soul*, 3 ed., p. 77-100 (« The soul as a shadow and a reflexion »).

(3) Dans l'ancien droit germanique se trouve sous forme « du châtiment de l'ombre » une coutume d'après laquelle, par exemple, un serf offensé par un homme libre se venge sur son ombre (cf. Rochholz, et aussi Grimm). Du temps de Maximilien encore, de lourdes peines étaient édictées contre quiconque avait bêché la terre sous une ombre. Luther, dans ses *Propos de table*, y fait aussi allusion (Pradel, *Der Schatten in Volksglauben*, p. 14 et suiv.). Ce châtiment de l'ombre se retrouve aussi dans quelques traditions orientales, mais avec une pointe d'ironie prouvant leur caractère illusoire (Pradel, p. 23). Ainsi dans le Bahar Danush (Benfey, *Pantschatantra*, t. I, p. 127), à la suite de la plainte d'une jeune fille contre un jeune homme qui a baisé son reflet, il a été ordonné que l'ombre du jeune homme soit fouettée. — On attribue au roi d'Égypte, Bokhoris, le plus sage juge de son temps, le fameux jugement qui aurait débouté de sa demande en dédommagement, une hétaïre se plaignant qu'un amant dans son rêve aurait profité d'elle, avec le motif d'avoir à adresser sa plainte soit à l'ombre, soit au reflet (Plutarque, Démètre, 27 ; Rohde (*Griechischer Roman*, 370, I) y voit le prototype du procès pour l'ombre de l'âne (cf. aussi Wieland, *Abderiten* et Robert Reinick, *Märchen, Lieder und Geschichten*).

Aux îles Salomon, à l'est de la Nouvelle-Guinée, tout indigène qui met le pied sur l'ombre du roi est puni de mort (Rochholz, p. 114), même coutume en Nouvelle-Géorgie (Pradel, p. 21) et chez les Cafres (Frazer, *l. c.*, p. 83). Les peuples primitifs ont surtout soin que leur ombre ne tombe ni sur un mort, ni sur un cercueil, ni sur une tombe, aussi font-ils souvent leurs enterrements la nuit (Frazer, *l. c.*, p. 80).

Un peu mitigée dans sa grave signification, cette superstition se rencontre comme crainte de maladie ou d'un autre malheur. Celui qui n'a pas d'ombre meurt, celui dont l'ombre est petite ou faible tombe malade, tandis qu'une ombre forte prédit la santé (Pradel). De telles épreuves de santé ont été réellement faites. Chez beaucoup de peuples, à l'heure actuelle encore, les malades sont portés au soleil pour attirer avec leur ombre l'âme en train de s'échapper. Au contraire, les habitants d'Amboyna et d'Ulias, deux îles sur l'Équateur, ne quittent jamais leur maison vers midi, parce que dans ces régions l'ombre disparaît à cette heure et qu'ils craignent de perdre ainsi leur âme (Frazer, p. 87). Dans ces superstitions, les représentations d'une ombre longue et courte, d'une ombre décroissante ou croissante jouent un rôle, comme nous l'avons déjà vu dans les contes d'Andersen et dans la nouvelle de Goethe (1) et dans la poésie mentionnée plus haut de Stevenson. La croyance d'après laquelle la santé et la force de l'homme augmentent proportionnellement à son ombre (Frazer, p. 86 et suiv.) (2) provient de cette même source, comme la distinction que font les Zoulous entre la grande ombre d'un

(1) L'histoire suivante, rapportée de l'Amérique du Sud par Frazer (*l. c.*, p. 87), rappelle le motif de l'ombre rencontré dans le récit de Goethe. Voici la traduction du texte de Frazer : « Les hommes de Mangala parlent d'un puissant guerrier, Tukaitawa, dont la force augmentait et diminuait avec la longueur de son ombre. Enfin un des guerriers surprend le secret de la force de Tukaitawa et l'assassine vers midi, moment où son ombre est la plus petite (voir le mythe de Samson).

(2) Une telle croyance est répandue chez les Bagandas dans l'Afrique du centre et chez les Cafres dans le sud de l'Afrique. — A Soleure, la teinte plus ou moins foncée de l'ombre est considérée aussi comme un critère de santé. (Voir Walzel, *Einleitung zu Chamissos Werken*, Deutsche National Literatur.)

homme qui ira plus tard parmi les ancêtres et la courte qui restera avec le défunt.

La superstition qui a rapport à la renaissance du père dans le fils (1) est également liée à celle qui précède. Les sauvages qui croient que l'âme du père ou du grand-père revit dans l'enfant nouveau-né (2) craignent d'après Frazer une trop grande ressemblance de l'enfant avec ses parents (*l. c.*, p. 88). Quand un enfant ressemble de façon frappante à son père, celui-ci doit bientôt mourir, parce que l'enfant a attiré en lui son image ou son ombre (3).

Tous les folkloristes sont unanimes à constater que les peuples primitifs considèrent l'ombre comme un équivalent de l'âme humaine. Cette croyance explique le respect particulier qu'on témoigne à l'ombre, ainsi que tous les tabous et toutes les craintes superstitieuses de mort que provoque chez eux la transgression des tabous, puisque la blessure, la mutilation, la perte de l'âme est suivie forcément par la mort. Tylor s'exprime de la façon suivante sur l'identification que font les peuples sauvages, en particulier les indigènes de Tasmanie, les plus primitifs,

(1) Negelein, *Ein Beitrag zum indischen Seelenwanderungsglauben*, Archiv. f. Rel. Wiss., 1901.

(2) Frazer, *The belief in immortality and the worship of the dead*, vol. 1 : *Among the aborigines of Australia*, etc., London, 1913, p. 92, 315, 417.

(3) Il existe encore une superstition concernant le nom dans lequel l'homme primitif voit une partie intégrante de sa personnalité. Même chez quelques peuples d'Europe de nos jours on croit que sur deux enfants de la même famille, ayant le même nom, l'un doit mourir. Rappelons à ce sujet la phobie de l'homonymie dans William Wilson de Poe. Ceci nous explique aussi l'importance qu'a l'invocation du nom dans la sorcellerie par envoûtement. Pour empêcher la pratique de la magie il était défendu aux Juifs de prononcer même le nom de Jéhovah. Giesebrecht (*Uber die Altestamentarische. Schätzung des Götternamens*, Königsberg, 1901) montre que les mots, ombre et âme, sont identiques dans la croyance populaire (p. 79) et explique comment le nom devient un Double redoutable de l'homme (p. 94) ; il existe encore aujourd'hui chez les Juifs la croyance que lorsqu'on change le nom d'une personne gravement malade, on peut tromper l'ange de la mort sur l'identité de la personne ; sur le tabou onomastique, cf. Freud : *Totem et Tabou.* Interprétation par la psychanalyse de la vie sociale des peuples primitifs (trad. de l'allemand par le Dr. S. Jankélévitch, Paris, Payot ; et Freud : *La Psychopathologie de la vie quotidienne.* Application de la Psychanalyse à l'interprétation des actes de la vie courante (trad. de l'allemand par le Dr. S. Jankévélitch), Paris, Payot.

de l'âme avec l'ombre (1). Ainsi le Tasmanien a le même mot pour ombre et esprit, les Indiens Algonquins appellent l'âme d'un homme son ombre. Dans la langue *quiché*, le mot *nahib* indique ombre et âme, le mot *neja* en arawaki signifie ombre. Les Abipons ne possèdent que le seul mot *loakal* pour ombre, âme, image, écho. Les Basutos appellent *sérit* ou ombre l'esprit qui est resté après la mort. Ce peuple croit que si un homme se promène le long d'un fleuve, un crocodile peut saisir l'ombre du promeneur dans l'eau et l'avaler. Dans l'ancien Calabar, la même identification entre l'esprit et l'ombre se retrouve. On y croit aussi que la perte de l'ombre est très dangereuse pour l'homme (2). D'après Frazer (3), quelques indigènes de l'Australie distinguent entre une âme localisée dans le cœur (*ngai*) et une autre qui est intimement liée à l'ombre (*choi*). Chez les Massims, dans la Nouvelle-Guinée britannique, l'âme ou l'esprit d'un mort est appelée *arugo*, ce qui signifie aussi ombre, reflet (4). Les Kais, autre peuple de la Nouvelle-Guinée, voient une partie ou même l'âme entière dans le reflet ou dans l'ombre. Ils redoutent en conséquence de monter sur leur ombre. Dans la Mélanésie du Nord, le mot *nio* ou *niono* signifie ombre et âme (5). Aux îles Fidji, le mot *yaloyalo*, pour ombre, est une répétition du mot *yalo*, qui signifie âme (6). En parlant des indigènes de quelques îles du détroit de Torrès, qui emploient le mot *mari* pour signifier esprit et aussi ombre et reflet, Frazer dit que beaucoup de peuples sauvages emploient, pour désigner l'âme humaine, les termes par lesquels ils désignent également l'ombre ou le reflet des corps dans l'eau (7).

Toute une série d'autres constatations faites dans le folklore met hors de doute le fait que l'homme primitif considère l'ombre, son Double mystérieux, comme un être spirituel mais réel. Quand, au Cameroun, un homme

(1) *Primitive Cultur*, I, p. 423 et suiv.
(2) Bastian, *Vorstellungen von der Seele*, p. 9 sq.
(3) *The belief in immortality*, p. 129.
(4) *L. c.*, p. 207.
(5) *L. c.*, p. 395.
(6) *L. c.*, p. 412.
(7) *L. c.*, p. 173.

disait : « Je peux voir mon âme tous les jours, je n'ai pour cela qu'à aller au soleil », il pensait naturellement à son ombre. De même Spieht dit des hommes Ewe : « L'âme de l'homme peut être vue dans son ombre », de même J. Warnek, des hommes de Batak : « Ils croient que l'âme est personnifiée dans l'ombre. » Klamroth, des Saramo : « L'ombre que l'homme vivant a projetée s'unit à son âme après sa mort pour devenir *kungu*, esprit, car l'âme (*mayo*, qui signifie aussi cœur) pourrit, mais l'ombre ne pourrit pas. » Guttmann dit des nègres de Dschagga : « Ce qui reste des morts et descend dans le pays des morts est leur ombre *kiriché*. » Ceci n'est pas seulement une image pour la personnalité devenue immatérielle par la mort, mais signifie aussi littéralement ombre de l'homme, comme elle se montre sur terre au soleil. La même croyance se trouve aussi chez les Salischs et les Dénés dans l'ouest du Canada (1). Les indigènes des îles Fidji croient que tout homme a deux âmes, une âme noire qui est dans son ombre et descend aux enfers, et une âme claire qui se voit dans son reflet sur l'eau ou dans un miroir, et qui reste près de l'endroit où l'homme est mort (2).

Par cette importance attribuée à l'ombre, s'expliquent suffisamment les nombreuses précautions et défenses taboues se rapportant à elle.

Comment les hommes sont-ils arrivés à voir l'âme dans leur ombre ? En étudiant les peuples primitifs et aussi les peuples de la civilisation antique, on trouve que la première conception de l'âme était, comme l'exprime Negelein, « un monisme primitif » où l'âme serait l'image du corps. Ainsi l'ombre inséparable de l'homme devient la première « objectivation » de l'âme humaine, longtemps avant qu'un homme ait vu son image dans un miroir (Negelein).

(1) Voir G. Heinzelmann, *Animismus und Religion*, 1913, p. 18 f.

(2) Frazer : *Belief in immortality*, p. 411 ; Radestock, *Schlaf und Traum*, Leipzig, 1878, p. 252, note 2, dit que les habitants du Groenland et les Algonquins croient également à l'existence de deux âmes. De même les Tamis qui demeurent en Nouvelle-Guinée distinguent entre une âme longue, mobile, qu'ils identifient avec l'ombre et une courte qui quitte le corps au moment de la mort (Frazer, *l. c.*, p. 291).

L'ombre a été le moyen par lequel l'homme a vu pour la première fois son corps. Il en a fait son âme, et cette croyance des peuples primitifs est devenue aussi la croyance primitive à l'âme chez les peuples de la culture antique (1). Rohde, qui, probablement, connaît le mieux le mythe et le culte de l'âme chez les Grecs, s'exprime ainsi (2) : « La croyance en une âme (Psyché) était la plus ancienne hypothèse par laquelle on a essayé d'expliquer le rêve, la syncope, la vision extatique, en faisant intervenir un acteur d'une nature particulière dans tous ces états obscurs ». Homère est déjà sur la voie par laquelle, dans la suite, l'âme s'évanouira en une pure abstraction. D'après l'idée d'Homère, l'homme a une existence double, l'une dans son apparition perceptible, l'autre dans son image invisible, qui deviendra libre seulement après la mort. Ceci, et rien d'autre, est son âme (3). Dans l'homme vivant, pleinement animé, demeure comme un hôte étranger, un Double plus faible, son autre Moi, sous forme de Psyché, dont le royaume est le monde des rêves. Quand le Moi conscient sommeille, le Double agit et veille. Une telle image (εἴδωλον), répétant le Moi visible et constituant un deuxième Moi, est chez les Romains le Genius dans sa conception primitive, chez les Perses le Fravauli, chez les Égyptiens le Ka. Chez les Égyptiens aussi, la plus ancienne forme de l'âme était l'ombre (Negelein, cité d'après Maspéro). Chez eux, les termes

(1) Les habitants de la Mélanésie du Nord, restés à un échelon très bas de l'humanité, ont (voir plus haut) pour ombre et âme des termes provenant de la même racine. Frazer (*l. c.*, 395) : *They think that the soul is like the man himself* (ils croient que l'ombre est comme l'homme lui-même) et (*l. c.*, p. 412) *the Fidjian pictured to themselves the human soul as a miniature of the man himself* (et les habitants des îles Fidji se représentaient l'âme humaine comme une réduction de l'homme).

(2) Erwin Rohde, *Le culte de l'âme chez les Grecs et leur croyance à l'immortalité*, Paris, Payot, trad. Aug. Raymond. On trouve aussi chez Radestock, *l. c.*, chap. 1, des renseignements analogues concernant les habitants du Groenland.

(3) Cf. la conception d'Homère d'après laquelle l'âme est une ombre (*eidolon*) d'un homme qui a vécu (*Iliade*, chap. XXIII, v. 104 ; *Odyssée*, chap. X, v. 495 ; chant. XI, v. 207). Achille auquel Patrocle tué apparaît en rêve, s'écrie : « O dieux, alors il reste réellement aux Enfers une Psyché et une ombre de l'homme. » D'après Spiess, *Entwicklungsgesch. d. Vorstellungen vom Zustand nach dem Tode*, Iéna, 1877, p. 283. Après la mort, la Psyché, l'âme qui est identique à l'esprit, devient un *eidolon*, c'est-à-dire une ombre, un rêve (*Odyssée*, chant. XI, v. 222).

pour âme, Double, Ka, reflet, ombre, nom, variaient entre eux (1).

Spiess (*l. c.*, p. 172) apporte de très nombreux renseignements pour prouver que les sauvages croyaient à la survie de l'âme sous forme d'une ombre après la mort. D'après lui, le terme hébraïque de *Rephaim* désigne ce qui reste de l'homme dans la mort et aussi « les épuisés ou affaiblis, c'est-à-dire les ombres, ceux qui demeurent dans le royaume des morts. C'est un terme analogue à celui du grec » (p. 422).

La première croyance de l'âme s'attache donc à la mort. Spiess l'a démontré pour les peuples civilisés et Frazer (*l. c.*) pour les êtres les plus primitifs. Cette première conception de l'âme chez les primitifs, qui, pour l'évolution de l'histoire de l'homme, est si importante, est celle qui représente les esprits des morts, le plus souvent sous forme d'ombres, comme nous, du reste, nous parlons encore aujourd'hui du royaume des ombres, quand nous parlons des morts.

Comme les âmes des morts sont des ombres, elles ne peuvent donc pas projeter d'ombre. Ainsi, les Grecs prétendent que les hommes revenus à la vie après résurrection n'ont plus d'ombre (2). D'après quelques auteurs (3), la constatation qu'un cadavre couché par terre ne projetterait plus d'ombre prouverait aussi que l'ombre s'est enfuie avec l'âme.

De même, on a pris le Lykaion, le lieu sacré de l'Arcadie, pour la demeure de ceux voués à la mort parce que les corps n'y jetaient aucune ombre (4). D'après Pausanias

(1) Le rite mortuaire de l'embaumement, particulièrement en honneur chez les Égyptiens (mais ailleurs aussi, cf. Spiess, 182 et suiv., 87 ; Frazer, *l. c.*, p. 144 et suiv.), de même que l'usage répandu chez beaucoup de peuples de faire des dons au mort dans sa tombe (aliments, feu pour les âmes), montre bien qu'on s'est fait une idée très matérielle de l'âme, qu'on croyait pareille au corps.

(2) Spiess, *l. c.*, p. 266. Dans le Purgatoire de Dante les Ombres ne projettent point d'ombre. Rohde dit à propos de l'immortalité de ces âmes : « Elles vivent à peine plus que le reflet du vivant dans le miroir. »

(3) Negelein, *l. c.*, *Principles of sociology.*

(4) Welker, *Kleine Schriften*, 3, p. 161. Les élèves de Pythagore croyaient que les âmes des morts ne jetaient pas d'ombre. Perdre son ombre était, en Arcadie, un euphémisme pour la mort. Cf. W.-H. Roscher, *Die Schattenlosigkeit des Zeus Abaton auf dem Lykaion* et la littérature qui y est citée, surtout K.-O. Muller, *Dorier*, t. I, p. 308.

(t. VIII, ch. 38, 6), l'entrée dans cet endroit était interdite à l'homme. Celui qui transgressait la loi devait nécessairement mourir dans l'année. L'absence de l'ombre signifie donc ici, comme dans presque toutes les superstitions mentionnées, l'imminence de la mort. Aussi, d'après Rochholz, *l. c.*, dans le bois sacré d'Abaton, le « Daimon » gardien quitte la personne de l'intrus voué aux dieux et l'abandonne aux affres de la mort (1). Mais non seulement les âmes, mais aussi les esprits, les elfes (2), les démons, les spectres, les sorciers (3) ne possèdent pas d'ombre parce qu'ils sont d'origine ombre, c'est-à-dire âme. Aussi, d'après les indigènes de la Nouvelle-Zélande, les esprits et les elfes dénués d'ombre ne prennent de tous les objets offerts que l'ombre (4).

Chez les Russes, le Diable n'a pas d'ombre (Gaster, *l. c.*) non plus et c'est pourquoi il est si avide de l'ombre de l'homme (comparez Schlemihl, Balduin, etc.). Celui qui appartient au Diable n'a plus d'ombre (Pradel, *l. c.*). Les nombreuses histoires dans lesquelles le Diable est volé parce que, au lieu de l'âme, on lui donne (seulement) l'ombre (5), paraissent déjà comme une réaction contre la trop grande importance donnée à la perte de l'ombre. Au début, et l'histoire de Peter Schlemihl et d'autres analogues nous le prouvent, le dupé a été l'homme parce qu'il méconnaissait la valeur de l'ombre dont le Diable était seul à connaître le prix (6).

(1) *Über die im lykaiischen Heiligtum abgehaltenen Menschenopfer*, voir Negelein, *l. c.* (Sur les sacrifices humains dans le lieu sacré de Lykaion).

(2) *Germania*, t. V, 75.

(3) Negelein, *l. c.*

(4) Waitz, *l. c.* 297-300.

(5) Voir Grimm, *Deutsche Mythologie*, t. II, p. 855, 976 et note p. 302 ; Mullenhoff, *Schlesvig-Holsteinsche Sagen*, p. 554 et suiv. — Th. Körner a traité dans une romance le conte espagnol du Diable de Salamanque. Le Diable avait sept élèves, dont le dernier devait payer l'enseignement avec son âme. Celui-ci montra son ombre en disant que c'était le dernier élève qui quitterait la chambre. Le Diable prit l'ombre, mais l'élève resta toute sa vie sans ombre et malheureux.

(6) Voir les histoires dans lesquelles le Diable demande expressément l'ombre comme prix de ses services (par exemple Conrad Maurer, *Islamische Sagen*) et dans lesquelles l'homme qui a volé le Diable d'une façon quelconque restera ensuite toute sa vie privé d'ombre (Mullenhof, *l. c.*, p. 454 et suiv. ; Grimm, *l. c.*, p. 976). — Intéressant est un conte

L'ombre signifie la mort, mais elle signifie aussi la vie et les deux significations reposent sur une croyance primitive à la dualité de l'âme. L'origine de tous les tabous paraît être la crainte de provoquer les mauvais esprits de mort, c'est-à-dire la mort elle-même. Du désir de se débarrasser de cette crainte est née la croyance à l'âme, issue de la division du Moi en une partie mortelle et une partie immortelle. Ces deux parties sont d'abord pareilles ou tout au moins peu différentes (corps et ombre), dont l'une disparaît tandis que l'autre continue son existence. Dans cette conception naïve de la survie du propre Moi, sous une forme quelque peu différente, la continuation génésique de la vie par les enfants ne joue aucun rôle. Elle est même niée et réapparaît seulement beaucoup plus tard, à une époque plus élevée de la civilisation, avec l'idée de la renaissance du père dans le fils, comme nous l'avons mentionné plus haut. La croyance totémique à l'âme constitue la transition entre la croyance naïve, égoïste, d'un Moi corporel immortel et l'acceptation de la continuation génésique des parents par les enfants (1). Dans cette croyance totémique à l'âme, le père corporel ne joue pas encore de rôle, mais d'un autre côté, l'idée de la survie individuelle de l'âme est déjà abandonnée en faveur d'une idéologie collective d'après laquelle les âmes des morts pénètrent, généralement par le moyen d'un animal, dans le corps de la femme, de laquelle ils renaissent à la vie.

Le totémisme paraît ainsi refléter la première connaissance et acceptation de la mort, le premier doute d'une immortalité personnelle. Ce n'est pas le propre Double (l'ombre) qui continue de vivre, mais c'est l'esprit d'un aïeul mort qui renaît dans l'embryon. Ce n'est plus l'indi-

rapporté par Rochholz, p. 119 : le comte Villano (= vilain), qui avait abandonné son ombre au Diable, avait appris de lui l'art de rajeunir les gens (motif du rajeunissement). Il voulut essayer cet art sur lui-même. Devenu vieux, il se fit couper en morceaux, mettre les morceaux coupés dans un bocal en verre et enterrer dans du crottin de cheval. Mais ce secret fut découvert prématurément et l'enfant pas complètement achevé fut brûlé (cf. sur le même sujet le mémoire de Silberer : *Homonculus*, dans *Imago*, t. III, 1914).

(1) Voir à ce propos : O. Rank : *Seelenglaube und Psychologie* (F. Deuticke, *Leipzig und Wien*, 1930).

vidu qui continue de vivre sous une autre forme, mais c'est l'esprit pur (l'âme) qui, des parents, se transmet aux enfants et de ceux-ci aux générations ultérieures. Il ne s'agit donc plus d'une parenté personnelle, mais d'une parenté collective. Un tel développement ne s'est pas fait sans de nombreuses contradictions intérieures qui se sont cristallisées dans des coutumes multiples dont beaucoup se sont maintenues jusqu'à nos jours. Puisque l'idée d'une survie personnelle était inconciliable avec l'acceptation d'une procréation sexuelle, l'homme a essayé de maintenir, aussi longtemps que possible, la croyance que la naissance de l'enfant était indépendante de l'acte sexuel. La fécondation de la femme se fait, dans l'opinion des peuples, par un esprit et non par l'homme. Cette opinion populaire se trouve dans les mythes de tous les peuples et même dans les religions des peuples d'une culture très avancée. L'homme essaye même de s'abstenir de la procréation. De nombreuses coutumes matrimoniales, d'après lesquelles la fécondation de la femme est abandonnée à Dieu ou à son représentant, héros ou prêtre, en sont le témoignage. Ces mœurs et coutumes qui, depuis le culte antique de la défloration au temple jusqu'au droit moyenâgeux du seigneur (*Jus primae noctis*), sont restées vivantes dans le peuple, ont toutes pour but la conservation de l'âme pour le propre Moi qui se refuse à continuer sa vie dans celle de l'enfant, puisqu'il veut garder sa vie personnelle immortelle.

L'assassinat est donc le crime le plus grave et la pire des punitions. L'assassiné y perd non seulement la vie, mais aussi la possibilité de continuer son existence après la mort, soit dans son Moi personnel, soit dans l'âme de l'enfant que la femme pourra procréer. Dans la mort naturelle, on pouvait voir un « phénomène de transition » analogue à celui du sommeil, d'un état de vie dans un autre état, tant que le corps était intact. L'homme assassiné, c'est-à-dire l'homme généralement mutilé, transformé violemment en un cadavre et privé de son âme, ne pouvait ni continuer une vie personnelle ni renaître spirituellement. Aussi voyons-nous que dans les mythes et dans les contes, il est toujours question de cette reconstitution tant désirée du mutilé, comme Tammuz chez les Phéniciens et Osiris chez les Égyptiens. Ce désir vit encore aujourd'hui dans la croyance chrétienne en la résurrection (1). D'autre part, on sait que le sauvage essayait d'entrer en possession de l'âme étrangère et de ses qualités en mangeant certaines parties du corps considérées comme le siège de la vie. Donc, quand dans les histoires de Double, la mort du héros survient par l'assassinat de son deuxième Moi, cela équivaut à un « suicide » avec destruction totale du Moi où, en même temps qu'il détruit son Moi corporel, le héros détruit aussi le porteur spirituel de son immortalité (2).

Ceci déjà montre que la signification du Double comme présage de mort appartient à une phase plus avancée de la croyance à l'âme, où l'invincibilité de la mort est reconnue et acceptée. Au début le Double-Moi avait précisément pour fonction de nier la mort et de garantir l'immortalité du Moi dont tout au moins l'ombre continuerait à vivre après la disparition du Moi corporel. Il est maintenant intéressant d'étudier comment cette signification positive, conservatrice de la vie qu'avait l'ombre, s'est encore maintenue quand il a fallu accepter l'idée d'une immortalité par la survie dans les enfants. A côté de l'ombre comme messager de la mort, il existe aussi des idées sur une ombre fécondante que nous trouvons réunies chez Pradel (p. 25). A la locution que l'ombre de la mort est descendue sur l'homme, nous trouvons opposée l'expression biblique dans l'annonce faite à Marie, que « Le Saint-Esprit viendra sur toi et la puissance du Très-Haut te couvrira de son ombre » et qu'il lui naîtra un fils, quoiqu'elle n'ait eu aucun rapport avec aucun homme, car δύναμις ὑφίστου ἐπίσκιάσει σοι (Luc, I, 35).

(1) Dans le *Livre des Morts* de l'ancienne Égypte, la plus haute importance est donnée à la conservation intacte du corps durant la mort. L'embaumement servait à cet usage rituel. Pour la même raison, l'incinération est défendue chez les Juifs.

(2) Une variante intéressante de ce suicide se trouve dans le conte d'Oscar Wilde : *Le jeune pêcheur et son âme.* Le héros veut se débarrasser de son âme qui s'interpose entre lui et la fille de la mer qu'il aime. A cet effet, il sépare avec un couteau son ombre de son corps, et le héros se suicide, comme Dorian Gray.

Remarquons que saint Augustin et d'autres Pères de l'Église mettent en relief le terme ἐπισκιάσει σοι (contenant la racine ombre) pour mettre en opposition la froideur (de Marie pendant la conception) avec la chaleur d'une excitation charnelle. Pradel, *l. c.*, rapporte à cette occasion la locution : « Tais-toi, car sur toi ce n'est pas l'ombre du Saint-Esprit qui s'est répandue. » Il rapporte aussi un mythe de Tahiti d'après lequel la déesse Hina serait devenue enceinte parce que l'ombre d'un arbre à pain que son *père* Taaroa a secoué, est tombée sur elle (1).

Les tabous se rapportant aux belles-mères, cités par Frazer, ont évidemment pour but d'empêcher des accouplements incestueux (2). Ainsi, par exemple, chez les indigènes du sud-est de l'Australie, la chute accidentelle de l'ombre du gendre sur celle de la belle-mère est une cause de divorce. Dans l'Inde centrale, la peur d'être fécondée par l'ombre est très répandue. Les femmes enceintes évitent de passer sur l'ombre d'un homme de crainte que l'enfant ne ressemble à cet homme (*l. c.*, p. 93).

A ces idées sur les rapports entre l'ombre et la sexualité, il faut encore ajouter les rapports dont nous avons parlé entre les variations de la force virile et l'ombre grandissant ou diminuant (p. 95). Ainsi l'ombre est le symbole de la force procréatrice de l'homme qui, non seulement représente la fécondation en général, mais aussi la résurrection dans les descendants (3). Cette étude du

(1) Waitz (*Anthropologie d. Naturvölker*, t. VI) voit dans cette croyance le résidu d'une autre croyance ancienne de Tahiti, d'après laquelle la lune ayant la forme d'un arbre à pain se féconde elle-même pendant la nouvelle lune.

(2) Frazer, *l. c.*, p. 83, croit que la réserve dans la fréquentation entre belle-mère et gendre découlait de cette peur de l'inceste, p. 85-86. Voir aussi S. Reinach : Le gendre et la belle-mère (*L'Anthropologie*, 1911). Freud a donné, dans *Totem et Tabou*, l'explication psychanalytique de cette défense.

(3) Comme tous les symboles de bonheur étaient au début symbole de fertilité, ainsi l'ombre a aussi une signification de bonheur. L'ombre de certains arbres a une action curative (surtout dans la *Bible*), mais l'ombre a surtout pour rôle de garder le Trésor (Pradel, *l. c.*) ; voire même de l'augmenter (l'ombre servait aussi à délimiter la propriété). Dans un conte hindou : *La fille du bûcheron*, l'esprit qui demande la fille pauvre en mariage, dit à son père : « Donne-moi ta fille, pour que

folklore et de sa représentation littéraire nous montre nettement que l'interprétation purement sexuelle de l'absence de l'ombre, comme impuissance, ainsi que Stekel, Sadger et d'autres psychanalystes l'ont proposé, n'épuise pas la profonde signification humaine de ce sujet. L'ombre comme symbole de la fécondité, ainsi que nous l'avons déjà rencontrée dans la ballade de Lenau, *Anna* (voir *supra*), constitue aussi le sujet du livret que Hoffmannsthal a tiré d'une source orientale pour l'opéra de Richard Strauss, *La femme sans ombre*, auquel s'ajoute le même motif égoïste du Rajeunissement, comme nous l'avons rencontré chez l'homme. L'héroïne est une princesse orientale, dont le père a commis un formidable forfait. Le jour du mariage de la princesse, un faucon rouge lui annonce que le crime de son père sera expié si, moins de trois ans après son mariage, elle a l'espoir de devenir mère. Les années passent, mais le désir de la princesse ne se réalise pas : elle est une femme sans ombre. A la fin de la troisième année, le faucon rouge réapparaît et lui donne un délai de grâce de trois jours. Devant cette extrême urgence, la nourrice de la princesse a recours à un subterfuge. Elle va trouver un jeune ouvrier qui désire avoir des enfants et auquel sa femme, querelleuse, refuse cette joie. D'après une croyance très répandue dans l'Orient, la nourrice veut *acheter* à cette femme son *ombre*, c'est-à-dire sa fécondité en lui offrant une poupée comme amant et de grands trésors. Les voix des enfants non encore nés se plaignent dans le feu de la cheminée. La princesse est prise d'une profonde sympathie pour la pauvre femme à laquelle elle ne veut pas voler ce qui fait la véritable félicité d'une femme. A ce moment de purification de son cœur par la pitié, une merveilleuse lumière lui fait auréole et elle sent que le désir de son cœur devient une réalité. Elle, la femme sans ombre qui était jusqu'à présent translucide comme du cristal,

ton ombre grandisse et avec elle tes richesses » (Rochholz, d'après le recueil de contes du Somadeva Bhatta, traduit par Brockhaus, t. II, p. 193). Ceci nous rappelle de nouveau Peter Schlemihl, l'étudiant Balduin et d'autres qui sont dédommagés de la perte de leur ombre par des trésors dont ils se servent pour la conquête d'une fille aimée, sans succès du reste.

jette brusquement une ombre, et dans les majestueuses sphères supérieures retentissent dans un chœur mystérieux les voix des enfants qui lui naîtront.

Le désir de rajeunissement, esquissé seulement dans le conte de la femme sans ombre, est certainement un des plus naïfs de l'humanité. Sa combinaison avec l'ombre comme représentation de l'âme prouve qu'il s'agit bien d'un élément mythique en rapport avec le cycle des saisons. Il semble que l'idée d'une ombre immortelle s'appuie sur l'observation d'après laquelle l'ombre humaine disparaît avec le soleil fécondant pour réapparaître avec son retour. D'après la conception qui était alors universelle, le soleil disparaissait journellement dans l'enfer où les âmes qui continuaient à y vivre recevaient de lui leur état d'ombres, c'est-à-dire la possibilité de la survie et du retour sur terre. Cette conception se trouve largement exprimée dans la mythologie de tous les peuples qui, dans le retour régulier du soleil, disparu en apparence pour toujours, voient une preuve de l'immortalité de l'homme disparu (1).

Dans la littérature moderne, le motif du rajeunissement est traité dans quelques ouvrages où il prend la forme d'échange du corps contre un Double plus vigoureux. Ainsi, dans la nouvelle de Théophile Gautier, *Avatar*, nous rencontrons un certain Octave qui languit d'un amour malheureux pour la femme d'un ami. Son vieux médecin lui donne l'âme de son rival pour le faire ainsi accepter par la femme de celui-ci. Mais la femme reconnaissant la supercherie reste froide. Provoqué en duel par le mari, Octave le tue. Pris de remords, il s'adresse de nouveau à son médecin qui maintenant transporte sa propre âme dans le corps du jeune homme, tandis que l'âme du jeune homme s'envole dans le corps débile du médecin (2).

Ce motif a été aussi traité d'une façon tout à fait expressive par Jules Renard, dans un conte dont le héros essaye

(1) Nous traiterons plus tard de la signification du rêve qui semble prouver la survie des morts.

(2) Cf. aussi la nouvelle d'Arthur Schnitzler : *Le retour de Casanova* (Casanovas Heimkehr), où le héros vieillissant achète d'un amant jeune qui lui ressemble une nuit d'amour auprès d'une belle récalcitrante.

la solution du problème du rajeunissement par voie chirurgicale : il change deux personnages en intervertissant leur cerveau. Le vieux docteur refusé par Emma — la sexualité personnifiée — prend pour lui le corps jeune de son neveu pour être aimé d'Emma autant que le jeune homme. Mais il réussit aussi peu que le héros de la nouvelle de Gautier.

Dans son roman, *L'énigme de Givreuse*, Rosny aîné emploie un motif analogue. Il traite le dédoublement d'une personne par voie scientifique et fait intervenir ensuite la rivalité de ces deux Doubles dans leur lutte pour une femme. Nous croyons pouvoir trouver un écho de ce même emploi scientifique du motif du Double dans le roman d'André Maurois, *Le peseur d'âmes*.

Des nombreuses explications aussi variées que complexes des superstitions concernant l'ombre, nous voulons encore retenir celles qui en font un ange gardien. D'après l'avis de quelques savants, la superstition de l'ombre s'est transformée lentement en une croyance à un ange gardien, croyance en rapport intime avec le Double. Rochholz dit que dans toutes les histoires où il est question de double vue, d'autovision, d'ombre dans le fauteuil, du Double, du spectre dans la chambre à coucher, il faut voir une allusion à l'ombre qui suit le corps. Peu à peu l'ombre qui survivait après la mort était devenue un Double renaissant avec chaque nouveau-né (1). Rochholz, qui s'est particulièrement occupé de la croyance à l'ange gardien, dit que la signification primitive de cette croyance était favorable mais s'est transformée plus tard, quand la croyance en l'au-delà a pris racine, en une signification défavorable : la mort (2). Ainsi, l'ombre de l'homme qui, aurapavant, a été un ange gardien prêt à lui porter secours dans la vie (3), doit se transformer en

(1) Negelein, *l. c.*

(2) Rochholz, *l. c.*, p. 128. Plus tard, le mot allemand *Schatten* (ombre) = *Schaden* (dommage) est devenu synonyme de : noir, gauche, faux, nocif, damné ; en français, ombre a donné lieu à : ombrageux, porter ombrage.

(3) Rochholz distingue dans l'antiquité germanique trois formes d'ange gardien correspondant aux trois âges de la vie et aux trois périodes de la journée, comme on peut les mesurer d'après la grandeur

un spectre effroyable qui persécute et martyrise l'homme jusque dans la mort. Nous montrerons, à l'occasion de la discussion psychologique du sujet, combien cette affirmation de Rochholz est exacte.

D'ange gardien de l'homme lui assurant l'immortalité, le Double est peu à peu devenu la conscience persécutrice et martyrisante de l'homme, le Diable.

Dostoïewsky a présenté cette idée dans *les Frères Karamazow* quand, dans une grandiose vision poétique, Ivan déclare que l'homme a créé le Diable à sa propre image. Avant qu'Ivan Karamazow ne devienne fou, le Diable lui apparaît et se déclare son Double. Un soir qu'Ivan rentre tard, un homme mystérieux se présente à lui et lui raconte des choses auxquelles Ivan a pensé jadis dans sa jeunesse, mais qu'il a oubliées depuis. Il se refuse à reconnaître la réalité de l'apparition. « Pas une minute, je ne t'accepte comme une vérité réelle ; tu es un mensonge, tu es une maladie, une tromperie. Je ne sais seulement pas comment je pourrais te détruire. Tu es une hallucination, tu n'es qu'une manifestation de moi-même, c'est-à-dire de mes pensées, de mes sentiments les plus vilains et les plus bêtes. Tout ce qui est mort déjà depuis longtemps, tout ce dont j'ai changé d'avis depuis longtemps, tu le traînes ici comme si c'était du nouveau. Tu es moi-même, seulement tu as un autre masque, tu dis justement ce que je pense... »

L'idée du Diable est devenue la dernière émanation religieuse de la crainte de la mort. En prenant la forme d'une angoisse, la croyance à l'âme ne subit pas seulement une transformation quant à sa signification, mais aussi un déplacement dans le temps. Au début, le Double est un *Moi identique* (ombre, reflet), comme cela convient à une croyance naïve en une survie personnelle dans le *futur*. Plus tard il représente aussi un *Moi antérieur* conte-

de l'ombre. La croyance répandue dans les pays du Nord que la « Fylgja » quitte celui qui la voit et lui ôte aussi la vie est aussi, d'après Rochholz, en rapport avec les contes de *Mélusine*, de *la Dame blanche*, d'*Orphée*, etc. L'amour de Fylgja pour son propre corps contient encore d'autres problèmes comme celui des fiançailles mystiques avec l'âme, etc. Cf. aussi, en ce qui concerne la croyance à l'ange gardien, F.-S. Krausz, *Yreca, Glück und Schicksal im Glauben der Südslawen*, Vienne, 1888.

nant avec le *passé* aussi la jeunesse de l'individu qu'il ne veut plus abandonner, mais au contraire conserver ou regagner. Enfin, le Double devient un *Moi opposé* qui, tel qu'il apparaît sous la forme du Diable, représente la partie périssable et mortelle détachée de la personnalité présente *actuelle* qui la répudie.

5. Le reflet, symbole du narcissisme

> Les poètes sont tout de même toujours des Narcisses.
>
> W. Schlegel.

Negelein a montré, par de nombreux exemples tirés du folklore des peuples cultivés, que les superstitions et les coutumes se rapportant au reflet ressemblent dans leurs principaux points à celles qui se rattachent à l'ombre; de nouveau les craintes de mort et de malheurs sont au premier plan. Dans les pays allemands, il est défendu d'exposer un cadavre devant une glace ou de l'y contempler, car on y verrait deux cadavres dont le deuxième annonce un second décès (1). En Dalmatie, et aussi en Oldenbourg, on croit que quiconque se mire dans une glace pendant qu'il y a un cadavre dans la maison doit mourir (2). Cette crainte semble du reste être très répandue encore de nos jours autant qu'on peut en juger d'après la coutume qui ordonne de couvrir toutes les glaces en cas de mort (de peur que l'âme du défunt ne reste dans la maison). Cette dernière coutume est principalement observée en Allemagne, en France, en Lithua-

(1) Wuttke, p. 435 et suiv.

(2) Haberland Carl, *Der Spiegel im Glauben und Brauch der Völker. Zschf. f. Völkerpsychol.*, 1882, t. XIII, p. 324 à 347.

nie et chez les Juifs (1). Comme, d'après la croyance populaire, l'âme du mort est supposée être fixée dans la glace, elle peut y devenir visible sous certaines conditions. En Silésie, on croit qu'on peut évoquer un mort dans une glace, si, à minuit de la saint Sylvestre, on se place avec deux bougies allumées devant la glace en appelant le mort par son nom (2). En France, il existe une croyance d'après laquelle on peut se voir dans une glace tel qu'on sera à l'heure de sa mort, si, dans la nuit de l'Épiphanie, on exécute une certaine cérémonie devant la glace. Les défenses de se regarder dans une glace à minuit se rattachent à ces superstitions. Qui se regarde la nuit dans une glace perd son reflet, c'est-à-dire son âme, ce qui nécessairement amène la mort (3). En Prusse orientale, on explique cette croyance en disant que l'image du Diable peut apparaître brusquement. Si dans un miroir quelqu'un voit encore à côté de sa figure celle d'un autre, il doit mourir bientôt (4). Pour les mêmes raisons, des personnes malades ou affaiblies ne doivent pas se voir dans une glace (5), superstition surtout répandue en Bohême (6). Laisser tomber ou casser une glace est un signe de mort dans toute l'Allemagne (7), quoique sept années de malheur comme conséquence de cet accident aient remplacé, en guise d'euphémisme, ce mauvais présage (8). Aussi celui qui, le dernier, aura regardé dans une glace avant qu'elle ne se casse, doit mourir (9) ou

(1) Haberland, p. 344 ; Frazer, *l. c.*, p. 95, dit que cette croyance est observée aussi en Belgique, en Écosse, en Angleterre, à Madagascar et chez les Juifs de Crimée. De même les Mahométans vivant à Bombay auraient cette coutume qu'ils expliquent par la crainte que l'âme des survivants, en se réfléchissant dans le miroir, ne puisse être emportée par l'esprit du mort qui se trouve encore dans la maison.

(2) Haberland, *l. c.*

(3) *L. c.*, p. 34 et suiv., d'après Grimm, *Mythol. Anh. Deutscher Aberglaube*, nº 104 ; Panzer, *Beitr. z. d. Mythol.*, p. 298 ; Strackerjan, *Abergl. aus Oldenbourg*, I, p. 262 ; Wolff — Mannhardt, t. I, p. 243 ; t. IV, p. 147 ; Alpenbourg, *Mythen und Sagen Tyrols*, p. 252 ; Wuttke, *l. c.*, p. 205.

(4) Wuttke, p. 230.

(5) Negelein, *l. c.*

(6) Haberland, *l. c.*, ; Frazer, *l. c.*, p. 295.

(7) Haberland, *l. c.*

(8) Wuttke, p. 198.

(9) Wuttke, p. 404.

souffrir sept ans (1). Si treize personnes forment un groupe, celle qui est placée devant une glace (2) doit mourir. Pour se garantir contre les forces mystérieuses d'une glace, dans quelques régions on présente la glace en premier à un chat (3). On empêche les petits enfants de se regarder dans une glace de crainte que leur propre reflet ne les expose à toutes les malchances (4), mais on donne comme prétexte que l'enfant pourrait devenir fier, léger, malade (5). D'après Negelein, la croyance que la glace pourrait montrer les choses cachées repose également sur la croyance à un Double. Il faut citer sous ce rapport avant tout l'emploi magique du miroir pour reconnaître l'avenir.

Ainsi, par exemple, on dit en Oldenbourg qu'on peut voir son avenir si, à minuit, on se met, avec deux bougies allumées devant la glace et si on y regarde attentivement en appelant trois fois son propre nom. Il est évident que dans toutes les coutumes, il s'agit d'un « avenir », non pas dans ses accidents, mais dans son essence, c'est-à-dire que ce qui intéresse principalement l'homme dans cette question d'avenir, c'est de savoir si sa vie sera longue, plutôt que ce qui s'y passera. A côté de cette question, la valeur du miroir comme prophète d'amour ne joue qu'un petit rôle, quoique la jeune fille, en pratiquant ces coutumes, croie voir dans le miroir son « futur mari », ce qui, pour elle, est le véritable avenir (6). Mais des filles coquettes voient la nuit, dans la glace, la tête du Diable (7) et, quand elles cassent un miroir, elles craignent de ne pas trouver de mari pendant sept ans.

(1) Wuttke, p. 198.
(2) Haberland, *l. c.*
(3) Negelein, *l. c.*
(4) Negelein, *l. c.*
(5) Wuttke, p. 368 et suiv., et Weber, *Demokritos*, t. IV, p. 46.
(6) Wuttke, p. 229 et suiv., p. 234 ; Haberland, *l. c.* ; E.-Th. Hoffmann a employé cette croyance populaire dans plusieurs de ses ouvrages. Cf. aussi K. Olbrich, *Hoffmann und der deutsche Volksaberglaube. Mitt. d. Ges. f. Schlesische Volksk*, 1900 ; F.-S. Krausz, dans *Urquell*, traite de ces superstitions se rattachant au miroir.
(7) Negelein, *l. c.*

Nous passons (1) sur l'emploi du miroir (même aussi le miroir de l'eau) dans la magie et la nécromancie, dont parlent Negelein et Haberland, pour étudier tout de suite l'origine de cet emploi chez les peuples primitifs. Comme dans l'ombre, les sauvages voient, dans un miroir ou dans l'eau, ou dans la ressemblance d'un portrait, une manifestation de l'âme (2).

De cette croyance découlent les nombreux tabous se rapportant aux objets miroitants, comme nous l'avons vu en étudiant l'ombre (3). Certaines familles indigènes d'Indonésie ne permettent pas aux enfants d'un certain âge de se regarder dans une glace, parce qu'elles croient qu'ainsi ils perdraient leur beauté et deviendraient laids (4). Les Zoulous ne regardent pas dans une eau marécageuse parce qu'elle ne renvoie pas leur reflet. Ils craignent qu'un monstre habitant ce marécage ne l'ait absorbé pour les faire mourir. Les Basutos croient, quand quelqu'un meurt brusquement sans cause apparente, qu'un crocodile a attiré vers lui son reflet.

La crainte de faire faire son portrait ou sa photographie est, d'après Frazer (5), répandue dans le monde entier. On la retrouve chez les Esquimaux, aussi bien que chez les Indiens de l'Amérique, chez les peuplades de l'Afrique centrale, en Asie, aux Indes orientales et en Europe.

(1) Cf. G. Roheim qui, dans son mémoire *Spiegelzauber*, paru dans *Imago*, t. V, 1917-1918, rapporte beaucoup de faits recueillis dans le folklore, et son livre paru sous le même titre dans la Bibliothèque psychanalytique, Wien.

(2) Thomas Williams, qui a vécu parmi les indigènes des îles Fidji, raconte l'histoire suivante qui prouve jusqu'à quel point le reflet a pour eux la même signification que l'âme. « Un jour, j'ai placé brusquement devant une glace un indigène de mine paisible. Il fut enchanté et dit doucement : « Maintenant je peux voir le monde des esprits » (d'après Frazer, *Belief*, etc., p. 412).

(3) Frazer, *l. c.*

(4) *L. c.*, p. 93. Kleist, qui a traité le problème du Double dans son *Amphitryon*, donne dans ses remarques sur le théâtre des Marionnettes quelques explications psychologiques de cette superstition. Il parle d'un adolescent de belle figure et belle stature qui, pour imiter la position du « garçon qui s'enlève une épine du pied », restait des journées entières devant une glace. Peu à peu, il perdit un charme après l'autre jusqu'à ce que, un an plus tard, aucune trace de son ancienne beauté ne se vît plus sur lui. Cf. aussi la légende de Entélidas (voir plus loin) et le héros du roman préféré de Dorian Gray, voir plus haut.

(5) Frazer, *l. c.*, p. 96 à 100.

Comme, pour eux, l'âme de l'homme est représentée par son image, ils craignent que le possesseur étranger de cette image ne puisse se livrer sur elle à quelques maléfices, même mortels. Quelques primitifs craignent directement devoir mourir s'ils font faire leur portrait et surtout si celui-ci parvient entre des mains étrangères. Frazer, *l. c.*, nous raconte des histoires drôles concernant la crainte de la photographie chez les sauvages. Dernièrement le missionnaire Leuschner en a rapporté concernant les Jautz de la Chine du Sud (1). En raison de la croyance à l'âme, cette crainte de sa propre image s'étend sur toute manifestation plastique en général. Ainsi Meinhof, *l. c.*, raconte que la vue d'une statue peut mettre un indigène de l'Afrique dans la plus grande inquiétude. Il est même arrivé qu'il ait fallu détruire ces œuvres d'art pour calmer les masses excitées. Warnek (2) raconte que les Waschambas ne veulent pas rester seuls avec les photographies des personnes que les missionnaires accrochent dans leurs chambres. Ils craignent qu'elles ne puissent s'animer et les attaquer. D'après une croyance allemande, il ne faut pas faire faire son portrait (3) de crainte de mourir (4). En Grèce, en Russie (5), en Albanie, Frazer a constaté la même superstition et montre qu'on en peut trouver des traces encore aujourd'hui en Angleterre et en Écosse.

On trouve aussi chez les peuples civilisés de l'antiquité des idées correspondant à ces superstitions. Ainsi, chez les anciens Hindous et chez les Grecs, il était défendu de regarder son propre reflet dans l'eau (6), car cette vue devait amener bientôt la mort (7). Quiconque ne

(1) *Mitt. d. geogr. Ges. zu Iena*, 1913. Renseignements identiques sur l'archipel malais dans *Zeitsch. f. Ethnologie*, t. XXII, p. 494 et suiv. D'après Meinhof, l'enregistrement de la voix des sauvages dans le phonographe rencontrerait occasionnellement les mêmes difficultés.

(2) *Lebenskräfte des Evangeliums*, 1908, 30, note 3.

(3) Wuttke, p. 298.

(4) Koehler, *Volksbrauch, Aberglauben usw im Voigtland*. Leipzig, 1867, p. 423.

(5) D'après une croyance russe, le reflet de l'homme est en rapport avec son être intime, *Mitteilung der geographischen Gesellschaft*.

(6) Frazer, p. 94.

(7) Preller, *Grieschische Mythologie*, t. I, p. 598.

peut plus voir son propre " Eidolon " dans le miroir doit craindre la mort (1). Chez les Grecs on considérait aussi comme un signe prémonitoire de la mort de voir en rêve son propre reflet dans l'eau (2). La croyance germanique attribuait également au reflet dans l'eau une signification mortelle. Cependant, si ce même rêve est d'autres fois considéré comme signe d'une longue vie (3), nous devons y voir non seulement un « désir de contraire », mais aussi un rapport avec les rêves d'eau comme signe prémonitoire de naissance.

A ces croyances s'ajoutent les traditions mythologiques qui confèrent au miroir le même pouvoir fécondant qu'à l'ombre (4). Sous ce rapport, il faut citer d'abord le mythe de Dionysos et les mystères qui s'y rattachent. Déjà sa mère Perséphone s'était mirée dans une glace (5) avant qu'elle eût donné le jour à Zagreus, ce que Negelein, *l. c.*, considère comme « une procréation par collaboration de la personne avec son Double ». On sait que quand Zagreus renaquit sous la forme de Dionysos, il sortit de la cuisse de Zeus pour compenser pour ainsi dire son origine primaire entièrement féminine. Dans cette histoire de renaissance le miroir joue aussi un rôle. Le polymorphe Zagreus se mirait précisément sous forme d'un taureau, dans un miroir fabriqué par Héphaistos, quand des Titans, envoyés par l'hostile Héra, le déchirèrent en morceaux malgré sa métamorphose. Seul fut sauvé le cœur, dont, avec l'aide de Sémélé, Dionysos naquit de la façon mentionnée plus haut (6). Proclus rapporte un autre mythe significatif sur le pouvoir créateur de Dionysos. Il se serait regardé dans un miroir

(1) Oldenbourg, *Religion d. Vedas*, p. 527.
(2) Frazer, p. 94.
(3) Haberland, *l. c.*
(4) Haberland, *l. c.*, p. 328 et suiv. Rappelons en passant une croyance antique rapportée par Aristote et Pline, d'après laquelle une glace se couvre de taches quand une femme s'y regarde pendant ses règles. En Mecklembourg et en Silésie, on voile les miroirs, comme en cas de mort, quand une femme est en couches, probablement pour préserver de sorcellerie l'enfant encore dans le corps de sa mère.
(5) Creuzer, *Symbolik*, t. IV, p. 196.
(6) W. Menzel, *Die Vorchristliche Unsterblichkeitslehre*, Leipzig, 1870, t. II, p. 6.

fabriqué par Hephaistos et, séduit par le reflet, il aurait créé tous les objets d'après sa propre image (1). Cette conception de la Grèce décadente relative à la création du monde trouve son origine éloignée dans la cosmogonie hindoue d'après laquelle le reflet du premier être fut la cause du monde matériel. Les néoplatoniciens et les gnostiques continuent cette théorie quand ces derniers prétendent qu'Adam a perdu sa nature céleste parce qu'il était devenu amoureux de sa propre image (2).

L'action nocive qu'exerce la vue du reflet est décrite dans l'histoire d'Entélidas rapportée par Plutarque (3). Enchanté de l'aspect de sa propre image qu'il voit dans l'eau, Entélidas ressent l'effet de son propre mauvais œil et perd, avec sa santé, sa beauté. Les deux parties de cette croyance, c'est-à-dire la partie nocive et la partie érotique, se trouvent réunies en une synthèse particulière dans le mythe bien connu de Narcisse, surtout sous sa forme tardive telle qu'elle est parvenue jusqu'à nous. Ovide (4) raconte que, questionné à la naissance de Narcisse pour savoir si une longue vie lui était réservée, le devin Tirésias aurait répondu : « Oui, s'il ne se voyait pas lui-même. » Narcisse, également froid vis-à-vis des garçons et des jeunes filles, voit son reflet dans l'eau et devient tellement amoureux du beau garçon dont le reflet resplendit sur l'eau, qu'il en tombe malade d'amour. D'après une tradition ultérieure, Narcisse se suicide après être tombé amoureux de son image. Aux Enfers même il la regarde encore dans le Styx. Plus récente est la version rapportée par Pausanias (5) : Narcisse devient inconsolable après la mort de sa sœur jumelle, qui dans ses vêtements et dans son aspect extérieur lui ressemblait exactement. Un jour, il voit son propre reflet et tout en sachant que c'est sa propre image qu'il voit, il ressent un soulagement de son chagrin d'amour (6). Même si

(1) Menzel, *l. c.* ; Creuzer, *l. c.*, t. IV, p. 129.
(2) Menzel, *l. c.*, p. 68.
(3) *Moralia quest. conv.*, t. V, p. 7, 3.
(4) *Métamorphoses*, t. III, p. 342 et suiv.
(5) 9, 31. 6.
(6) Un pendant comique à cette légende est celle qui, au Kamtchatka, est racontée du dieu simplet, Kutka. Une souris joue un tour à

nous admettons avec Frazer que la consultation de Tirésias et d'autres détails (1) ont été ajoutés et n'appartiennent pas à la légende primitive, il n'est pas certain du tout que l'histoire de Narcisse ait été au début une expression poétique seulement de la superstition d'après laquelle le jeune homme serait mort parce qu'il aurait vu son reflet (son Double) dans l'eau, et que le fait d'être devenu amoureux de sa propre image, ce qui pour nous constitue la partie essentielle de la légende de Narcisse, a été inventé seulement plus tard comme explication, après que le sens originel de la légende eut été oublié. Nous ne pouvons pas admettre que ce soit un pur hasard si, dans la mythologie grecque comme ailleurs, la signification mortelle du Double s'allie intimement au narcissisme. La raison pour laquelle nous ne pouvons nous contenter de l'explication de Frazer est que par elle l'explication de la légende de Narcisse ne reçoit pas sa véritable réponse en ce qui concerne l'origine et la signification de l'idée superstitieuse qui en fait la base. Car si, en s'appuyant sur Frazer, on se demande pourquoi dans la légende de Narcisse la signification mortelle qui s'attache à la vue du Double a été précisément remplacée par le motif de l'amour de son propre corps (2), on sera obligé de songer à la tendance toute naturelle à l'homme d'exclure énergiquement de la conscience l'idée de la mort, qui est d'autant plus pénible qu'on aime davantage son être. Cette tendance se manifeste par les nombreux euphémismes qui, si souvent, dans les croyances superstitieuses cachent peu à peu les significations originelles de mort. Freud a montré dans le mythe des Parques (3)

ce dieu, en maquillant la figure du dieu endormi, comme celle d'une femme. Quand Kutka voit sa figure dans l'eau, il devient amoureux de lui-même. Tylor, *l. c.*, p. 104 ; cf. aussi une idée analogue chez Hebbel, voir plus haut.

(1) Comme par exemple l'amour d'Écho pour Narcisse. Écho, repoussée par l'orgueilleux Narcisse, se consume dans le chagrin jusqu'à ce que seulement « *Vox tantum atque ossa supersunt* ». Comme punition pour cet amour dédaigné, l'adolescent, d'après Ovide, tombe amoureux de lui-même, pour son propre martyre.

(2) Wieseler, *Narkissos*, 1856 ; considère Narcisse comme un démon de la mort, p. 76 et suiv. ; dit que ce mythe se rapporte à l'égoïsme, p. 3, 73.

(3) *Das Motiv der Kästchenwahl*, *Imago*, t. II, 1913 (Motif du choix des coffrets).

comment l'homme, dans son désir de compensation, remplace ce qui l'ennuie par un équivalent agréable et aussi différent que possible. Grâce à ces équivalences, dans ce mythe nous voyons la déesse d'amour prendre la place de la déesse de mort. Cette transformation du motif n'est pas arbitraire, mais remonte à une ancienne identité originale de ces deux figures, qui est basée sur la notion que la mort est vaincue par une nouvelle création et se retrouve dans son sens le plus profond, dans l'image idéale de la mère. Les traditions nettement tardives mais clairsemées d'après lesquelles les filles peuvent voir leurs amoureux dans le miroir dans les mêmes conditions où d'habitude il n'y a pour elles qu'annonce de mort et malheur, nous montrent bien que la signification mortelle du Double tend également à être remplacée par une signification amoureuse (1). Seulement, là où ce présage heureux subit une exception, quand il s'agit de jeunes filles coquettes, la mauvaise signification persiste, rappel de la légende de Narcisse, où l'amour de son propre corps s'oppose à une manifestation plus libre d'un autre amour. Le même noyau psychologique se trouve aussi dans l'autre version du mythe de Narcisse où le jeune adolescent a cru voir dans le miroir de l'eau sa sœur jumelle aimée. Ici, incontestablement, il existe une connexion intime et un rapport profond entre un tel amour narcissique et sa signification mortelle.

Le motif du Double, dont le sens principal dans le folklore se rapporte à l'âme et à la mort, n'est donc pas étranger dans son essence véritable au narcissisme. Les traditions mythologiques, que nous avons mentionnées, d'après lesquelles le monde serait une création de l'auto-admiration d'un dieu dans le miroir, et surtout les productions littéraires, où à côté du problème de la mort, le motif narcissique paraît brutal, en pleine lumière ou estompé

(1) Même là où la signification mortelle s'est évaporée, comme nous l'avons vu, en une signification vague de l'avenir, on voit qu'il existe aussi une transition vers la signification de bonheur (amour, richesse). Ainsi, à la place d'un avenir sombre, inéluctable, se met la représentation d'une attente pleine de promesses.

dans des états pathologiques, le prouvent amplement.

C'est dans le roman d'Oscar Wilde, *Dorian Gray*, qu'apparaît le mieux le parallélisme entre la crainte et la haine du Double, et l'amour narcissique de sa propre image. « Sa propre beauté se manifeste à lui quand il voit pour la première fois la splendeur de son portrait. » En même temps, la peur le saisit de vieillir et de devenir autre, crainte qui provoque immédiatement l'idée de la mort, car il ajoute : « Si je m'aperçois que je deviens vieux, je me tue. » Dorian (qui est directement qualifié de Narcisse dans le roman) aime son propre portrait et dans celui-ci son propre corps (1). « Un jour, jeune Narcisse exubérant, il a baisé les lèvres peintes qui maintenant lui sourient avec tant d'amertume. Matin après matin, il était assis devant le portrait, admirant sa beauté et parfois même s'extasiant sur elle... Souvent, il allait en cachette vers la chambre fermée et restait devant le portrait, le miroir à la main... Tantôt il regardait la figure laide et vieillissante sur la toile, tantôt il regardait la figure jeune et belle qui lui souriait dans le miroir. De plus en plus il devenait amoureux de sa propre beauté. » A ce narcissisme, se joint un magnifique égoïsme, une incapacité à l'amour et une vie sexuelle anormale (2). Il essaye de réaliser (3) le violent sentiment érotique

(1) Le peintre Hallward, ami de Dorian Gray, a fait antérieurement un autre portrait de Dorian : « Dans un bois de la Grèce, tu t'es penché sur un petit lac solitaire et tu as vu dans le miroir argenté la merveille de ta propre beauté. »

(2) Notons qu'une des premières créations littéraires d'André Gide, qui plus tard est devenu l'apôtre d'un individualisme illimité, traite du motif de Narcisse.

(3) En ce qui concerne le rapport du narcissisme avec l'homosexualité, et le choix de l'objet aimé, cf. Rank, *Beitrage zum Narcissismus* (*Jahrb. f. psychoanal. Forschung*, 1911), et les travaux de Freud, Sadger et d'autres. Dans l'auto-observation très intéressante d'un homme qui s'entretient volontiers avec son double Moi, se retrouve ce trait de narcissisme pathologiquement exagéré : « Le soir surtout, je m'assieds sur une chaise, je prends un miroir et je regarde ma figure pendant près d'une heure... Ensuite, je me mets au lit, je prends de nouveau le miroir, je souris à mon reflet et je pense : quel dommage que personne ne te voie maintenant, car tu es tout à fait jeune fille. Alors, je me donne des baisers dans le miroir, c'est-à-dire, tout en m'y mirant, j'attire lentement le miroir vers mes lèvres. Ainsi j'embrasse mon deuxième Moi et j'admire ses jolis traits. » Quelquefois, il traite son deuxième Moi de méchant garçon (*Zentralblatt f. Psychoanalyse*, 1914, t. IV, p. 415).

qu'il a pour sa propre image d'adolescent, par des amitiés intimes avec des jeunes gens. Il est incapable de témoigner aux femmes le moindre sentiment élevé. Il ne leur demande que les sensations les plus grossières. Dorian Gray partage cette incapacité d'aimer avec presque tous les héros des contes où ces héros ont un Double (1). Dorian dit expressément dans une page remarquable du roman que cette faiblesse lui venait de son amour narcissique pour lui-même. Avec une profonde émotion dans la voix il dit : « Je désire pouvoir aimer, mais il me semble que j'ai perdu la passion et oublié le désir. *Je me suis trop replié sur moi-même.* Ma propre personne m'est devenue un fardeau. Je voudrais fuir, m'en aller, oublier. »

Ici, l'enchaînement psychologique est clair. Le malheur du héros découle de sa nature égocentrique, de sa disposition au narcissisme. Mais dans d'autres présentations du même motif, cet enchaînement psychologique n'est pas aussi net. Il subit une altération, une transformation. Dans la psychanalyse, on considère ces altérations comme un *mécanisme de défense* où l'individu se sépare d'une partie de son Moi contre lequel il se défend, auquel il voudrait échapper. Ces formes de défense sont symbolisées dans les ouvrages où il est question de ce Double tragique. Dans *l'Étudiant de Prague,* par exemple, qui a été le point de départ de cette étude, nous voyons nettement comment le Double redouté s'oppose à l'amour pour la femme, symbolisant ainsi l'incapacité du héros à l'amour.

Cette disposition amoureuse pour le propre Moi n'est possible que parce que, en même temps, les sentiments de défense trouvent une issue dans la haine et dans la crainte du Double. Le Narcisse se trouve dans une situation équivoque vis-à-vis de son propre Moi. Il s'aime, mais contre cet amour exclusif il sent une révolte. Cette révolte se manifeste sous deux formes (2) : d'abord par la crainte

(1) Remarquons la finesse du sentiment poétique quand Lenau, dans le conte suédois, donne au motif de la perte de l'ombre signifiant la stérilité, une explication narcissique, en nous montrant que la jeune fille est ravie par la vue de sa propre beauté dans l'eau.

(2) Un procès jugé à Londres en 1913, dont nous trouvons quelques détails dans un article d'un journal du 9 décembre 1913, nous montre quelle forme peut revêtir cette défense contre son propre reflet : un jeune

et le dégoût du propre reflet comme nous le voyons chez le héros fictif du roman que lit Dorian Gray et chez la plupart des héros de Jean-Paul, ensuite, par la perte de l'ombre ou de l'image. Mais dans ce cas, comme le montrent les récits des nombreuses persécutions, le reflet ou l'image ne se perdent pas du tout, mais au contraire ces images deviennent plus fortes, plus personnelles, plus puissantes, ce qui prouve précisément l'intérêt exagéré pour le propre Moi. Ainsi la contradiction apparente s'explique quand on voit que la perte de l'ombre ou de l'image peut être représentée comme une persécution, une lutte avec cette ombre ou cette image.

Le même mécanisme de défense se voit quand la persécution par le Double se termine par la folie, qui presque régulièrement conduit au suicide. Même là où la présentation littéraire n'atteint pas à l'exactitude clinique que nous admirons chez Dostoïewsky, on voit bien qu'il s'agit d'idées paranoïaques de persécution et de dommages subis du fait de leur Double, dont se plaignent les héros. Depuis l'explication psychanalytique de Freud (1), nous savons que la paranoïa a comme base « une disposition au narcissisme » auquel correspondent les idées typiques de mégalomanie et l'exagération du Moi au point de vue sexuel. Les représentations littéraires du motif du Double où la folie de la persécution est décrite confirment non seulement la conception psychanalytique de Freud, concernant cette prédisposition narcissique à la paranoïa, mais elles font voir (avec une acuité qui est rarement atteinte par les malades) que le principal persécuteur est le propre Moi, personne autre-

Lord avait enfermé sa jeune maîtresse infidèle, comme punition, pendant huit jours, dans une chambre dont les murs étaient complètement couverts de glaces. Il voulait ainsi mettre la jeune femme en face d'elle-même pour qu'elle puisse se voir constamment et se promettre de s'amender. La jeune femme ressentit une telle horreur de son image, qu'elle en perdit la raison. Dans une variante du conte *Schneewittchen* racontée en Transylvanie, la belle-mère, en punition de sa vanité, est finalement enfermée dans une chambre dont les murs sont composés de miroirs.

(1) Voir la traduction française de : Remarques psychanalytiques sur l'autobiographie d'un cas de paranoïa (Dementia paranoïdes) dans la *Revue française de Psychanalyse*, 1932 (tome V, I).

fois la plus aimée et contre laquelle se dirige maintenant la défense (1).

En étudiant les formes paranoïaques dans lesquelles se présente à nous le Double, nous en rencontrons surtout une qui est pour nous de la plus haute importance, comme nous le démontrerons dans le chapitre suivant. Nous avons vu que dans ces folies paranoïaques, le persécuteur est représenté souvent par le père ou son remplaçant, mais nous trouvons surtout ce Double identifié avec le frère (Musset, Hoffmann, Poe, Dostoïewsky). Une forme particulière est celle où il s'agit de jumeaux. Nous en avons un exemple très connu dans le mythe de Narcisse qui, dans son reflet, croit voir sa sœur jumelle en tout point semblable à lui. Les auteurs qui ont traité de préférence du motif du Double se sont aussi rencontrés dans l'étude du complexe du frère. Une preuve en est que dans d'autres ouvrages, ils ont souvent décrit une rivalité entre frères. Ainsi Jean-Paul, dans son fameux roman *Flegeljahre,* a pris comme sujet la rivalité entre deux frères jumeaux. De même Maupassant, dans *Pierre et Jean* et dans son roman inachevé *L'angélus,* et Dostoïewsky dans les *Frères Karamazow,* etc. (2). En réalité, le Double, vu du dehors, est un rival de son modèle primitif, surtout dans l'amour de la femme. Ce dernier trait, il le doit probablement en partie à son identification avec le frère. A ce propos, un auteur, traitant d'un tout autre sujet (3), s'exprime de la façon suivante : « Le frère cadet ressemble même dans la vie courante, physiquement, à son frère aîné. Il est en quelque sorte devenu l'image vivante du

(1) Aux héros qui pour se défendre contre le narcissisme tombent malades de paranoïa, s'oppose Loufoque qui, dans la pièce de Raimund, guérit de sa folie paranoïaque par la présentation acceptée de son Double.

(2) Nous mentionnons encore les deux drames *Die Brüder,* l'un de Poritzky, 1907, qui a écrit encore d'autres histoires de Double, et l'autre de Paul Lindau, écrit d'après le roman du même auteur, qui a également montré beaucoup d'intérêt pour le problème du Double. Les comédies de confusion, basées sur le motif des jumeaux (mentionnées déjà plus haut), ont permis de donner à cette rivalité tragique entre frères une forme humoristique.

(3) L.-B. Schneider, *Das Geschwisterproblem. Geschlecht und Gesellschaft,* t. VIII, 1913, p. 381.

Moi fraternel, et en conséquence un rival en tout ce que son frère voit, sent et pense. »

De ce qu'un frère est un rival, il s'ensuit une haine contre ce concurrent en amour, et par conséquent on comprend mieux le désir de la mort du Double, et même l'impulsion à le tuer (1). Mais le motif du frère n'épuise pas complètement le problème du Double, parce que ce motif n'en est pas la source, mais en est seulement une interprétation tout à fait limitée. Le Double, au début, sans aucun doute, était de nature subjective. Mais pour expliquer cette signification, il ne suffit pas de constater que le conflit psychique crée le Double qui n'est qu'une projection de ce désarroi intime, que la formation du Double correspond à un acte de libération, à une délivrance achetée au prix de la peur de la « rencontre » (2). Le véritable problème dépasse la constatation de cette signification formelle du Double. Il exige la compréhension de la disposition psychologique qui précisément a pu créer ce conflit et sa projection.

(1) De même façon, seulement par une transposition dans le contraire, s'explique la sympathie qui du rival fait une sorte d'ange gardien (William Wilson), ou même une personne qui se sacrifie directement au salut du Double, comme par exemple chez Dickens, *Tale of two cities*, où les deux Doubles aiment la même jeune fille et où l'un se fait tuer pour l'autre, ce qui est une manifestation du désir véritable, quoique exprimé sous une forme déguisée, de voir mourir le concurrent.

(2) Emil Lucka, *Dostoiewsky und der Teufel* (*Lit. Echo.*, t. XVI, 6-15 déc. 1913).

6. La conception dualiste de l'âme et le culte des jumeaux

La crainte et moi, nous sommes jumeaux.

HOBBS.

Nous avons rencontré à plusieurs reprises le motif des jumeaux dans nos développements et constaté que, dans quelques cas, il concrétisait le motif du Double. A côté du Double purement hallucinatoire, visible seulement pour le Moi, il y avait la scission du Moi en deux personnages se contrariant (comme Dr Jekyll et Mr Hyde). Il y avait aussi le Double fraternel (comme chez Musset) et enfin le double gémellaire et dans cette dernière forme (le mythe de Narcisse), même l'amour de deux jumeaux de sexe différent. Dans les œuvres littéraires, le thème des jumeaux est surtout traité dans les comédies de confusion (1). Si nous nous adressons au

(1) Les immortels Ménechmes de la comédie grecque ont constamment, pendant des siècles, fourni le sujet de cette situation vaudevillesque jusqu'aux *Jumeaux de Brighton*, de Tristan Bernard. Shakespeare aussi a employé le même sujet dans plusieurs de ses comédies, le plus manifestement dans *Comedy of Errors* et dans *As you like it*, qui toutes deux s'appuient sur une nouvelle de Bandello : *Les jumeaux*. Le motif du Double a été porté à la scène sous une forme tragique, dans de nombreux ouvrages traitant du faux Dimitri de l'histoire russe. Dernièrement, Ernst Penzoldt a représenté le Double portugais « Sébastian » dans une version intéressante sous le titre de *La bataille portugaise*.

folklore, au culte et à la formation des religions, ce problème des jumeaux nous conduit jusqu'aux sources de la civilisation humaine. Ainsi que l'a démontré le savant écossais Rendel Harris dans une série de travaux scientifiques (1), le culte des jumeaux appartient aux institutions les plus anciennes et les plus universelles de l'humanité. On le retrouve dans les superstitions des primitifs et l'on peut en déceler les traces aujourd'hui dans nos croyances religieuses.

L'énorme importance du culte des jumeaux pour le développement de la culture de l'humanité, tel que Harris nous le démontre, et d'autre part le caractère dualiste des grands systèmes religieux, nous autorisent à chercher s'il n'existe pas une corrélation entre ces deux faits. Le Dr Harris, avec toute la prudence scientifique qui caractérise ses travaux, est enclin à croire que nous devons voir dans le culte des jumeaux une des plus profondes racines de la civilisation du monde et de la formation de la religion. La quantité de preuves qu'il apporte pour étayer cette conception permet à peine un doute sur l'existence d'un tel rapport. Mais en outre, fait démontrable, nous sommes amenés à nous demander d'une manière toute spéculative pourquoi les jumeaux ont eu cette importance et pourquoi leur culte est devenu le véhicule de la culture. Pour répondre à cette question, il nous semble que nous devons, en dehors des faits qu'Harris a rassemblés chez les primitifs, étudier la naissance et la transformation progressive de la croyance à l'âme. En d'autres termes, nous croyons que le culte des jumeaux est une conséquence de la croyance en une âme double, comme nous l'avons vu dans les chapitres précédents, et non pas inversement que le motif du Double s'appuie sur les phénomènes en effet quelque peu particuliers d'une naissance gémellaire. En conséquence, nous devons voir dans le culte gémellaire une concrétisation mythique du motif du Double. Ce motif émanait de la croyance en une âme double, l'une mortelle et l'autre immortelle.

(1) *Dioscurie in the Christian Legends* (1903); *Cult of the heavenly twins* (1906), *Was Rome a twin-town* (1927).

Pour prouver notre opinion, nous sommes obligés de résumer l'essentiel de nos connaissances concernant le culte des jumeaux, et de le comparer avec ce que nous savons de la conception d'une âme dualiste, sans tenir compte de la croyance au Double. Partant du fait que chez presque tous les peuples primitifs il existe un tabou sévère des jumeaux, très strictement observé, tandis que le véritable culte des jumeaux n'apparaît que chez les peuples civilisés qui attribuent aux frères Dioscures un pouvoir surhumain, Harris a conclu, en se basant sur le développement historique de la question, que primitivement on a tué les jumeaux (et leur mère), qu'ensuite, cet usage a été mitigé (on a exposé seulement les frères), pour se terminer en un culte des jumeaux. Mais une telle conception de la question est critiquable, comme toute comparaison poussée trop loin entre un peuple primitif et un peuple civilisé, parce qu'on ne tient pas compte de la différence essentielle entre ces deux peuples : la civilisation. Ne pourrait-on pas dire aussi que les peuples cultivés ont précisément accompli le développement civilisateur qui les a portés au-dessus de leur état primitif, parce qu'ils étaient capables d'honorer les jumeaux au lieu de les tuer, ayant su vaincre la peur primitive de leurs ancêtres par l'affirmation héroïque de leur personnalité supérieure?

Comparons un peu les faits tels que le folklore des primitifs actuellement vivants, les mythes et les traditions des premiers peuples cultivés et les croyances religieuses des hommes en une immortalité personnelle nous les ont conservés. Le comte Goblet d'Alviella, dans son rapport sur les fouilles belges à Court Saint-Étienne, s'exprime d'une façon précise (1) sur le tabou des primitifs, qui nous paraît si cruel au sujet des jumeaux. « Chez la plupart des non civilisés, écrit-il, la naissance des jumeaux a toujours passé pour un fait surnaturel ou au

(1) *Antiques, Protohistoriques de Court St-Étienne*; extrait des *Bulletins de l'Académie royale de Belgique*, janvier 1908, p. 24.

Un travail allemand sur le même sujet, de Negelein, *Die Abergläubische Bedeutung der Zwillingsgeburt*, se trouve dans *Archiv. f. Relig. Wiss.*, t. V, p. 271.

moins suspect, un maléfice, qui entraîne l'immolation des enfants et fréquemment de la mère, alors que, parmi les populations plus avancées, on se contente de les déclarer tabous, c'est-à-dire de les expulser ou de les mettre en quarantaine, afin d'éviter que toute la peuplade n'en soit contaminée. Mais chez les non civilisés, on confond aisément dans le surnaturel les notions d'impureté et de sainteté, de néfaste et de propice. Par cela même, que les jumeaux sont censés être une procréation de la puissance surhumaine, on tend à se concilier leur influence et on leur rend des honneurs divins après leur mort. Il n'y aurait donc rien de surprenant à ce que nos prédécesseurs aient à la fois immolé et vénéré certains de leurs nouveau-nés jumeaux en compagnie de leur mère. »

Le missionnaire catholique J.-H. Cessou rapporte textuellement de l'Ouest africain (Libéria) les croyances suivantes sur les dons divinatoires des jumeaux : « Les jumeaux ont en effet le singulier privilège d'apprendre beaucoup de choses par rêve. Peut-être est-ce parce qu'ils voient les esprits des morts dont la vie dans l'autre monde est la réplique de la vie terrestre. » Ici nous voyons nettement le rapport entre le culte gémellaire et la croyance à l'âme. Ce culte existe chez ces primitifs sous forme de totem. Chez ce peuple, les Golahs, le principal tabou est la défense de manger un certain animal (*Bush-goat*, qui représente un homme ou plutôt l'esprit d'un défunt). On donne en conséquence quelquefois le nom de *bush-goat* aux enfants et Cessou continue : « Et pourquoi donc les jumeaux ne peuvent-ils pas manger le bush-goat ? Des jumeaux, il y a longtemps de cela, nous ont dit les vieux, ont vu, paraît-il, dans leurs rêves que les esprits des gens morts prenaient des corps de bush-goat. Ils ont vu des bush-goats qui n'étaient point des animaux mais des hommes. Voyez-vous un bush-goat qui se sauve d'une certaine façon, ce n'est pas un animal, c'est un esprit. Les jumeaux sachant donc, pour l'avoir vu en rêve, que certains bush-goats sont des hommes (*they know them to be men*) ne peuvent en manger : ce serait mal et d'ailleurs s'ils en mangeaient, ils perdraient leur privilège (*they cannot get good heads again and they no fit see again the things they fit see otherwise*) (1). » Nous trouvons aussi le culte des jumeaux mêlé à des traces de l'antique culte des animaux chez des peuples assez cultivés, qui dans leur croyance à l'âme ont dépassé de beaucoup le totémisme. En Grèce, les Dioscures jumeaux, Castor et Pollux (de même que leur sœur Hélène), sont vénérés comme enfants du cygne et de Léda ; dans l'antique histoire de Rome, la louve (d'après d'autres versions le pic) est vénérée comme la mère nourricière des frères jumeaux Romulus et Rémus exposés. L'histoire de la civilisation nous montre que le culte des jumeaux est mêlé à la domestication de certains animaux (cheval et bœuf) et à leur emploi au service de l'homme, comme par exemple les Açvins (2), qui dans l'antique religion hindoue jouent un grand rôle et dont le nom signifie cavaliers jumeaux. Même s'il est douteux que d'après une première croyance les Açvins aient eu pour ancêtre le cheval, ou plutôt un dieu à forme de cheval, il est certain qu'ils étaient honorés comme les dompteurs du cheval et surtout comme conducteurs des chars pour avoir inventé le joug. On a de la peine à croire que le culte des jumeaux se soit étendu jusqu'à l'idée de l'attelage d'une paire de chevaux tirant sous le même joug. Mais si nous rencontrons la même idée aussi quand il s'agit d'une paire de bœufs traînant la charrue ou d'une paire de rameurs « labourant » simultanément les vagues, tout doute concernant cette signification de l'idée de la paire doit disparaître (3). Quelle que soit l'opinion qu'on ait à ce sujet, il est certain que les jumeaux divins étaient honorés non seulement comme des héros qui ont forcé les taureaux sous le joug pour les obliger au labour, mais aussi comme inventeurs du joug et de la charrue même, c'est-à-dire comme des artisans

(1) *Anthropos* nov.-déc. 1911, p. 137 et suiv.

(2) Dr Myriantheus, *Die Açvins oder Arischen Dioskuren*, Munich, 1876.

(3) Les langues sémitiques ont une tendance à considérer comme étant du genre féminin tout ce qui, dans la nature, se présente sous forme d'une paire. Wilhelm Schultz a voulu, en s'appuyant sur ses recherches, transporter cette signification de la paire également sur les testicules (comme frères jumeaux), mais cette idée appartient à une autre période de la culture (rapport entre Castor et l'animal le castor).

qui ont contribué aux progrès de la culture. Harris a trouvé qu'ils passaient pour les premiers constructeurs de navires et même, dans le culte romain, pour les patrons des navigateurs.

Nous ne trouvons chez les peuples primitifs qu'une seule de ces fonctions civilisatrices, et encore c'est la plus primitive, celle liée au tabou des jumeaux : la création de villes. L'histoire de Romulus et Rémus, d'Amphyon et Zéthos, de Caïn et Abel nous montre que de ces frères jumeaux, l'un est assassiné et l'autre crée une ville. Nous devons sans doute voir dans ce meurtre l'idée d'un sacrifice propitiatoire à l'occasion de l'édification d'une cité ou d'une maison. Mais que signifie cet usage qui exige qu'un homme vivant soit sacrifié pour assurer à un édifice (maison ou cité) une durée longue, voire même éternelle ? Avant de montrer que cette question trouve sa réponse dans la croyance à l'âme, il nous faut d'abord étudier les débuts de cette création de cités chez les primitifs. Nous en voyons encore aujourd'hui des traces dans certaines parties de l'Afrique, où il existe des sortes de sanctuaires dans lesquels une mère avec ses jumeaux tabous doit se rendre pour y vivre un certain temps ou même constamment si elle veut échapper à la mort. Un homme, malgré le tabou qui pèse sur cette femme, veut-il vivre avec elle et l'épouser, il doit également aller habiter cette ville des jumeaux, qui, située dans une île ou dans un endroit isolé de la forêt, devient peu à peu l'habitat de tous ces « Taboués ».

Nous ne pouvons pas nous appesantir sur l'histoire de ces cités créées par des jumeaux, qui, d'après Harris, existaient en grand nombre, même en Europe à une certaine époque. Nous voulons seulement retenir, et c'est là le plus important, ce qui distingue la façon de créer une ville chez les primitifs et chez les civilisés ; cette distinction a de l'importance pour notre exposé. Chez les peuples primitifs, l'île de salut (le sanctuaire) est créée par la mère qui est bannie avec ses jumeaux, tandis que chez les peuples ayant une certaine culture, la cité est créée par un des frères jumeaux adulte, après la mort de la mère et l'assassinat du frère. On peut faire, dans le domaine spirituel entier de l'humanité, cette constatation que le développement de la culture en général et de l'individu en particulier se fait par émancipation progressive de la domination maternelle (1). Cette tendance (qui pousse l'individu à se manifester par des créations personnelles) a donné aussi naissance à la croyance à l'âme dans ses formes variées qui vont du totémisme jusqu'au spectre du Double (2). En effet, la première croyance en une âme habitant l'individu même et contenant ou la vie immortelle ou la renaissance éternelle, crée un principe indépendant de la mère et de la naissance charnelle, que j'ai appelé le « principe autocréateur ».

L'idée de l'âme, qui de bonne heure naît dans l'humanité par la crainte des morts, crée ainsi le premier dualisme dans l'individu. Nous avons vu que l'idée primitive de l'âme est apparue sous la forme d'un Double aussi ressemblant que possible au Moi (ombre, reflet). Les nouvelles recherches sur le développement du concept de l'âme ont montré que la représentation de l'âme était, dès le début, dualiste, c'est-à-dire qu'on distinguait une âme du vivant qui agissait dans l'individu pendant sa vie et une âme du mort qui naissait seulement avec la mort et continuait sa vie dans l'au-delà. Ces recherches (3) ont aussi montré que notre conception unitaire de l'âme, dans sa cristallisation première : la Psyché hellénique, est un produit de la connaissance affinée, tandis que la croyance populaire, que reflètent les religions, distingue, comme au début encore, entre une âme mortelle et une âme immortelle. Mais, tandis que le Double, comme nous l'avons démontré, s'est transformé d'un ange gardien protecteur assurant la survie immortelle en un avertisseur de la mortalité individuelle, et même en un annon-

(1) Voir Otto Rank, *Le traumatisme de la naissance* (Payot, Paris, même collection, PBP nº 121).

(2) Voir O. Rank, *Seelenglaube und Psychologie* (Vienne et Leipzig, 1930).

(3) Voir W. Otto, *Die Manen oder von den Urformen des Totenglaubens*, 1923 ; Ernst Bickel, *Homerischer Seelenglaube*, 1925 ; Joachim Böhme, *Die Seele und das Ich im homerischen Epos*, 1929. Ce dernier s'appuie sur un travail de E. Arbman, *Zur primitiven Seelenvorstellung* (*Le Monde oriental*, 1926 et 1927).

ciateur de la mort prochaine, le phénomène de la naissance gémellaire semble avoir démontré d'une manière concrète la conception dualiste de l'âme et par ce fait même prouvé l'immortalité individuelle. Les jumeaux étaient comme la réalisation d'un homme qui a amené avec lui son Double *visible*. Un tel homme devait forcément pouvoir disposer de forces supra-naturelles qu'il emploierait certainement d'une façon nocive. Avant tout, le jumeau paraissait immortel à cause de son Double corporel, ce qui, dans la croyance des primitifs, signifie qu'il avait le pouvoir sur la vie et la mort des autres. Nous trouvons ce trait non seulement dans la tradition classique de la nature divine immortelle de l'un des jumeaux, mais aussi dans le conte égyptien des « Frères » qui est la plus ancienne présentation littéraire de ce motif. Dans ce conte les deux frères, quoique non jumeaux, sont néanmoins unis l'un à l'autre par un lien magique d'une façon inséparable pour la vie et la mort. Tout ce que l'un éprouve, l'autre le ressent également. Une tradition analogue se trouve aussi très répandue chez les peuples primitifs de l'Amérique du Sud. Nous en parlerons plus loin (1).

Si l'on a pu conclure à l'existence d'un rapport entre la gémellité et l'agriculture, ce n'est pas tant en raison de la fertilité miraculeuse qu'implique l'idée des jumeaux qu'en raison de l'idée de l'indépendance de l'âme. Les jumeaux, ou au moins l'un des jumeaux, se sont créés eux-mêmes de l'esprit de mort (animal ou dieu) par voie purement spirituelle et, par suite, ils peuvent en usant du charme faire pousser les plantes de la terre. Ils peuvent dompter le taureau sauvage et asservir sa force sexuelle à l'agriculture parce que, eux aussi, sont des animaux totémiques qui se sont rendus indépendants de la procréation sexuelle en se créant eux-mêmes par le désir immortel de l'âme.

(1) Voir Paul Ehrenreich, *Die allgemeine Mythologie und ihre ethnologischen Grundlagen* (Leipzig, 1910) et, du même auteur, *Die Mythen und Legenden der sud-amerikanischen Urvölker* (Berlin, 1905). Joh Becker, dans son livre un peu confus : *Die Zwillingssage als Schlüssel zur Deutung urzeitlicher Überlieferung* (Leipzig, 1891), nous montre cette signification universelle des jumeaux.

Ils ont inventé le navire et ils sont les patrons des navigateurs parce que leur assurance d'immortalité par le Double les garantit contre tout genre de mort, même celui de la noyade. (Dans la bataille, ils vont devant la troupe comme chez les Spartiates. Chez les Romains, les deux consuls, représentant les jumeaux créateurs de la Ville, marchaient au premier rang des combattants.) Ils subissent leur première épreuve de l'eau tout de suite après leur naissance, puisque généralement ils sont exposés dans une petite corbeille (Moïse) sur l'eau, comme Romulus et Rémus (1). Enfin ils sont, comme nous l'avons déjà dit, des constructeurs et des fondateurs de villes, parce que la ville étant un symbole par excellence du sein maternel, ils manifestaient ainsi leur indépendance de leurs parents comme celle qu'ils avaient déjà exprimée par leur autocréation.

Il semble qu'au début les jumeaux ne pouvaient exécuter leurs actions héroïques qu'ensemble, parce que c'est précisément la gémellité qui leur assurait l'immortalité. Cela apparaît de toute évidence des traditions de l'Amérique du Sud où le conflit n'éclate entre les jumeaux que lorsqu'ils ont rempli leur mission (Ehrenreich, *Mythes*, p. 50). L'idée très répandue que l'un des jumeaux est mortel et l'autre immortel exprime seulement la croyance à l'âme d'après laquelle l'homme n'exécute les actes héroïques par lesquels progresse la culture que parce qu'il croit en son immortalité. De même que les jumeaux paraissent s'être créés eux-mêmes à l'encontre du cours normal de la nature, de même ils peuvent créer des choses qui n'existaient pas auparavant dans la nature et qui forment ce que nous appelons la culture. L'idée que les jumeaux se sont créés eux-mêmes me paraît se manifester avec évidence dans la croyance très répandue d'après laquelle les jumeaux d'un sexe différent peuvent accomplir l'acte sexuel déjà avant leur naissance, dans le corps de leur mère et transgresser ainsi le tabou de

(1) J'ai traité ce sujet dans ma publication : *Der Mythus von der Geburt des Helden*, 2e éd., Leipzig, 1922.

l'exogamie (1). Mais le sacrifice de l'un des jumeaux n'est pas réservé seulement pour le cas où les jumeaux sont d'un sexe différent : c'est un usage plus généralement répandu, que l'on considère comme un adoucissement à l'usage cruel de tuer les deux enfants. Le fait que dans tous les mythes de jumeaux se trouve le motif typique d'après lequel un jumeau est tué par l'autre après accomplissement de leur mission, demande une autre explication, d'autant plus que nous avons déjà rencontré, dans l'histoire du Double, l'essai de se débarrasser de l'*alter ego* importun par l'assassinat.

Mais tandis que, dans les traditions concernant le Double qui appartiennent à une période plus récente de l'humanité, l'assassinat du deuxième Moi conduit régulièrement à la mort du héros lui-même, dans les temps plus primitifs, l'assassinat de l'un des jumeaux était au contraire la condition de la survie de l'autre. En tout cas, les primitifs l'ont certainement cru quand ils justifient la mise à mort de l'un des jumeaux par l'explication qu'autrement tous deux devraient mourir. Cette idée du sacrifice se retrouve encore chez les peuples civilisés dans un grand nombre de mythes d'« Exposition » où, à la place du héros, un autre enfant, né au même moment, c'est-à-dire symbolisant le jumeau, est exposé afin de sauver le héros pour ses actions futures. D'après la documentation que j'ai recueillie pour étudier le mythe de la naissance du héros, on peut se demander si toutes les qualités caractérisant le héros sont réellement en rapport avec la gémellité ou si quelques-unes de ces qualités ne peuvent pas être attribuées à quelques individus uniques doués de force surhumaine. Harris même, qui voudrait voir dans le culte des jumeaux la base du culte des héros et celle des religions, est obligé d'admettre que beaucoup de qualités attribuées aux jumeaux se trouvent aussi chez des héros nés sans jumeau, et que par contre

(1) Cette conception est capable de jeter une lumière sur le tabou de l'inceste en général. Je l'ai expliqué à une autre occasion, par la crainte collective que par l'inceste un mortel ne puisse gagner sa propre renaissance, et se créer une immortalité personnelle indépendante de celle que donne l'idéologie collective. (Voir : *Seelenglaube und Psychologie*. Cf. *Le complexe d'Œdipe*).

on a eu une tendance à vouloir considérer certains héros ou messies comme des jumeaux, comme par exemple le Christ et saint Thomas.

Si nous considérons le rapport entre le problème des jumeaux et celui plus élevé de la croyance à l'âme, nous sommes obligés d'admettre que c'est le concept d'une âme dualiste avec une partie immortelle, et non pas le fait d'une naissance gémellaire, qui a transformé un primitif esclave de la nature en héros, créateur de civilisation. Cette conclusion à laquelle nous avons été conduits par l'étude du problème du Double, a reçu dernièrement un appui solide par un travail de Hans Scherb intitulé : *Das Motiv vom starken Knaben in den Märchen der Weltliteratur; seine religionsgeschichtliche Bedeutung und Entwicklung* (Le motif du garçon vaillant dans les contes de la littérature mondiale et sa signification pour l'histoire des religions et son développement. Stuttgart, 1930). Cet auteur, qui ne connaît pas du tout le culte des jumeaux, découvre dans les mythes et dans les contes une série de traits caractéristiques du héros, que Harris attribue aux Dioscures (c'est-à-dire aux jumeaux), comme, par exemple, la crainte du pouvoir magique de l'être pas encore né, et surtout le pouvoir du mort, qui par-delà la tombe peut exercer son pouvoir propice ou néfaste ; ou encore le motif de l'invulnérabilité (Achille, Siegfried et d'autres) (1) en rapport avec l'immortalité ; et enfin le fait que les personnages se donnent eux-mêmes leur nom, *l. c.*, p. 98 et 117.

Mais on pourrait toujours prétendre qu'à l'origine l'idée du héros était liée à la gémellité et que celle-ci n'a disparu que peu à peu pour être remplacée par l'idée de l'amitié, ou de la consanguinité. A cette objection on peut opposer d'abord l'invraisemblance du fait qu'une idée aussi universelle que celle du héros ait dû son origine à un phénomène aussi rare qu'une naissance gémellaire. Bien longtemps avant le phénomène de la naissance gémellaire, le phénomène de la naissance elle-même a dû

(1) Voir Otto Berthold, *Die Unverwundbarkeit in Sage und Aberglauben der Griechen* (Giessen, 1911 et 12).

provoquer l'étonnement des primitifs puisque, même pour nous, la naissance appartient encore aujourd'hui au miracle mystérieux de la nature. Le fait même de considérer une naissance gémellaire comme un événement extraordinaire laisse supposer que déjà la naissance normale a été sujet de réflexion. Les explications que nous ont données non seulement les peuples primitifs, mais aussi la population du Moyen Age, sur la naissance des jumeaux nous le prouvent amplement. Dans un travail (1) écrit longtemps avant que je connusse le culte des jumeaux, j'ai rassemblé les traditions de ce genre que nous rencontrons dans le peuple et qui toutes tendent à prouver que la plurinatalité ne peut pas avoir lieu sans infraction à la fidélité conjugale. Cette croyance était tellement répandue dans la littérature populaire au Moyen Age, qu'un auteur savant a même exprimé l'opinion que la multiplicité de ces contes avait pour but d'éclairer le peuple sur son erreur. Le peuple se refusait non seulement à croire qu'une femme pouvait concevoir deux et même plusieurs enfants en même temps d'un seul père, mais il allait jusqu'à prétendre qu'une telle femme avait dû avoir des rapports avec un animal pour produire à la façon des animaux plusieurs petits à la fois.

Le plus connu et le plus bel exemple de la poésie médiévale est le *Lai du Frêne*, de Marie de France, à propos duquel R. Köhler dans ses notes savantes (2) a rassemblé quantités de parallèles et de contes analogues. Ce lai raconte comment de deux dames nobles voisines, l'une met au monde des jumeaux et est accusée d'infidélité par l'autre qui n'a pas d'enfant. L'année suivante celle-ci aussi a des jumelles. Pour échapper à la calomnie répandue par elle-même, elle expose une de ses fillettes sur un frêne (cette exposition sur des arbres se trouve aussi chez des primitifs). La fillette est élevée dans un cloître voisin où on lui donne le nom de Frêne. Elle devient la plus belle des jeunes filles, gagne le cœur d'un chevalier et, devenue enceinte, le suit dans son château. Son bonheur est

(1) *Die Lohengrinsage, ein Beitrag zu ihrer Motivgestaltung und Deutung* (Wien und Leipzig, 1911, p. 164 : 172).
(2) Warncke, *Ausgabe der Lieder der Marie de France.*

bientôt troublé, car le chevalier, obligé de choisir une femme du même rang que lui, épouse une noble demoiselle. Mais avant la consommation du mariage, on découvre que l'épouse est la sœur jumelle de la maîtresse du chevalier. Voici les premières lignes du poème français qui se trouve dans Suchier, *Bibliotheca normanica*, t. III, p. 54, etc. :

LE FRAISNE

En Bretaigne jadis, maneint dui chevalier; veisin esteient.
Riche hume furent e manant/e chevalier pru e vaillant.
Prochain furent, d'une cuntrée/Chescuns femme aveit espusée.
L'une des dames enceinta/Al terme qu'ele délivra,
A cele feiz ot dous enfanz.....
Ele parle mult folement / e dist oant tute sa gent;
Si m'ait deus, jo m'esmerveil / u cist prozdum prist ces cunseul
qu'il a mande a mun seigneur / sa hunte e sa grant deshonur,
que sa femme a euz dous fiz. / E il a cele sunt huniz.
Nus savum bien qu'il i afiert, / uniques ne fu ne ja nen iert
ne n'avendra cele aventure, / qu'à une sule porteüre
une femme dous enfanz ait, / se dui hume ne li unt fait.

Cette croyance à une double paternité quand il s'agit d'une naissance gémellaire n'est pas caractéristique de la superstition du Moyen Age, elle s'est seulement maintenue très longtemps dans la conscience populaire, car elle se trouve autant chez les peuples primitifs que chez les peuples civilisés de l'antiquité. Seule la forme de cette paternité double change d'après les idées religieuses ou sociales des peuples. Ainsi, par exemple, l'idée d'une paternité animale qui, dans la religion chrétienne, est considérée comme le plus grave péché, jouit chez des peuples à religion totémique d'un certain privilège et est même regardée chez les peuples antiques comme une marque de prédestination à l'héroïsme. La raison de cette interprétation différente de la même croyance est à chercher dans le fait suivant. L'organisation sociale des peuples primitifs ne s'établit pas sur le droit juridique du père, mais sur le droit naturel de la mère, en ce sens que le père ne joue pas encore le rôle de créateur des enfants et que la mère est fécondée par l'esprit d'un ancêtre. Cet esprit paraît incarné le plus souvent dans un certain genre d'animal (l'animal totem), mais il peut aussi prendre la forme d'une plante ou d'un minéral. Cette croyance totémique à l'âme est, comme je l'ai montré ailleurs, née du désir d'immortalité, grâce auquel l'homme voit surtout dans l'animal qui peut le dévorer un symbole de la possibilité de sa renaissance.

Le jumeau paraît donc être l'homme qui, en venant au monde, a amené son Double immortel, c'est-à-dire l'âme, et de ce fait il est devenu indépendant de toutes les autres idéologies concernant l'immortalité, y compris la filiation sexuelle avec ses parents. C'est cela qui en fait le prototype du héros, même si, d'après notre conception, le culte des jumeaux n'a pas donné naissance au culte du héros, mais lui a donné seulement une matérialisation concrète. Les jumeaux tels qu'ils paraissent dans les mythes ne dépendent que d'eux-mêmes et de personne d'autre. Leur vie est si intimement liée que la fin brutale de l'un signifie aussi la mort de l'autre, comme nous l'avons vu dans les personnages du double qu'a créés la période romantique. Cela, nous le voyons très nettement dans le mythe égyptien des frères où l'un des frères (grâce à un signe) sait quand l'autre est en danger ou menacé de mort, et se met en route pour le sauver, sachant qu'ainsi il se sauve lui-même. Nous voyons la même chose dans un mythe de l'Amérique du Sud où un signe de mort conduit les invincibles (c'est-à-dire les immortels) jumeaux à un combat dans lequel ils gagnent le prix qui les rend maîtres du monde (1).

Les jumeaux semblent ainsi s'ériger seuls contre le monde entier. Même quand ils vengent leur mère (comme Zéthos et Amphyon vengent leur mère Antiope) ou qu'ils cherchent leur père (Popol Vuh) ou qu'ils défendent leur sœur (comme les Dioscures et Hélène) ils prouvent qu'en réalité ils n'ont plus de famille, ils sont réduits à eux-mêmes et c'est cela qui fait leur force. Mais cette force dans le langage des mythes s'exprime par leur double Moi avec sa partie héroïque immortelle, qui nie la naissance, ainsi que je l'ai montré dans les mythes des

(1) Wolfgang Schultz, *Einleitung in das Popol Wuh*, Leipzig, 1913.

héros que je viens d'analyser, ou tout au moins, la rend extraordinaire, comme nous le montrent certaines histoires de jumeaux. Si donc le héros né sans jumeau, en reniant son père et en tabouisant sa mère, devient son propre créateur, qui peut se faire naître et renaître, nous ne pouvons pas nous étonner si nous trouvons des traits analogues dans les mythes parlant de la création des premiers hommes qui, d'après ces mythes, ont dû se créer eux-mêmes. Nous serions entraînés trop loin si nous voulions les étudier tous (1). Mentionnons seulement le récit biblique de la création d'Ève d'une côte d'Adam, qui nous paraît être la version d'un mythe remontant au début de l'humanité, de jumeaux divins qui déjà dans le corps maternel ont eu des rapports sexuels et ainsi ont pu non seulement se créer eux-mêmes, mais ont créé aussi le genre humain.

Cette explication que nous donnons ici comme une simple supposition nous ramène de nouveau aux jumeaux amoureux l'un de l'autre, comme nous l'avons vu dans une version du mythe grec de Narcisse. D'après les explications que nous avons données sur cette question des jumeaux, nous voyons qu'il s'agit d'une représentation concrète d'un hermaphrodisme capable d'une autoprocréation (2). Nous ne voulons pas étudier si des faits biologiques des premières périodes de l'évolution du monde ont donné naissance à ces idées. Seule a de l'intérêt pour nous l'explication psychologique du fait que l'homme a été poussé à usurper le principe immortel de la mère qui, seul, pouvait le rendre créateur. Ceci s'accomplit sur le plan sexuel par les jumeaux d'un sexe différent, qui ensemble créent le monde et les hommes ; sur le plan spirituel par les jumeaux du même sexe qui représentent la partie mortelle et la partie immortelle

(1) J'ai traité cette question en partie dans un autre travail.

(2) Une même opinion se trouve exposée, nous semble-t-il, dans André Gide, *Traité du Narcisse, théorie du Symbole*, 1891. L'énorme signification de la bisexualité que J. Winthuis a constatée dernièrement chez les habitants de l'Australie centrale et d'autres peuplades (Leipzig, 1928), me paraît seulement prouver le grand rôle que joue l'idéologie d'immortalité qui, chez ces primitifs, prend la forme de la bisexualité autonome.

du propre Moi, indépendant de toute procréation sexuelle. Ainsi le motif des jumeaux, comme le problème du Double dont il n'est qu'un exemple concret, nous ramène en dernier lieu au désir éternel de l'immortalité du Moi. L'homme croit d'abord naïvement à une vie éternelle sans mort, mais il est obligé d'admettre qu'il existe seulement une immortalité collective. Pour se défendre contre cette immortalité collective, il crée son Double, mais, dans celui-ci aussi, il est finalement obligé de reconnaître la mort qu'il a primitivement niée comme symbole de son immortalité personnelle.

7. La croyance à l'immortalité du Moi

Du riant Eurotas près de quitter la rive
L'âme, de ce beau corps à demi fugitive,
S'avançant pas à pas vers un monde en-
[chanté
Voit poindre le jour pur de l'immortalité
Et dans la douce extase où ce regard la
[noie
Sur la terre, en mourant, exhale sa joie.

LAMARTINE (*Mort de Socrate*).

Nous voici donc ramenés ainsi à la croyance primitive à l'immortalité de notre propre Moi. Il nous reste maintenant à considérer, comme conclusion, les rapports entre le motif du Double et le problème de la mort. Bien entendu, il ne saurait être question dans le cadre de ce travail, qui s'appuie seulement sur la littérature et le folklore, d'expliquer psychologiquement l'angoisse de la mort. C'est un thème trop vaste et trop compliqué, que j'ai étudié dans un autre ouvrage (1). Ici, nous ne pouvons que commenter l'importance qu'a pour l'origine de l'angoisse de la mort, l'amour de soi-même, c'est-à-dire le narcissisme individuel et, en nous résumant, passer en revue

(1) *Seelenglaube und Psychologie*, Leipzig und Wien, 1930. De plus : *Die Analyse des Analytikers* (Leipzig und Wien, 1931), surtout dans le chapitre *Lebensangst und Todesangst*.

encore une fois les formes que prend dans la littérature et dans le folklore cette angoisse devant la mort.

Comme caractéristique la plus frappante de ces formes apparaît un puissant sentiment de culpabilité qui pousse le héros à ne plus prendre sur lui la responsabilité de certaines actions de son Moi, mais à en charger un autre Moi, un Double, qui est personnifié dans le Diable lui-même (1) ou dans un symbole. Les tendances et inclinations reconnues comme blâmables sont séparées du Moi et incorporées dans ce Double. Par ce détour, le héros peut s'adonner à ses penchants, croyant ne point encourir de responsabilité. D'autres fois, le Double apparaît comme bon conseiller (William Wilson), ou prend directement le nom de « conscience » (comme par exemple dans Dorian Gray).

Un motif qui trahit un certain rapport entre la crainte de mourir et la disposition au narcissisme, est le désir de rester toujours jeune (2). Il se manifeste d'un côté par le désir qu'a l'individu de se maintenir à un certain stade de son évolution, d'un autre côté par la crainte de vieillir qui, en dernier lieu, n'est pas autre chose que la crainte de mourir. Avec l'exclamation de Dorian Gray, chez Wilde : « Si je m'aperçois que je vieillis, je me tue », nous touchons au sujet si important du suicide par lequel les nombreux héros poursuivis par leur Double terminent leur vie. A première vue, entre le suicide auquel recoururent ces héros et la crainte de la mort que nous constatons chez eux, il n'y a qu'une contradiction (3) apparente. Mais en étudiant de près les situations, on voit que le suicide est autant une manifestation de leur crainte de mourir que de leur disposition au narcissisme ; car ces héros et leurs auteurs (dans la mesure où ces derniers se

(1) Dostoïewsky, *Les frères Karamazow*; Jean-Paul, *Beichte und Memoiren des Satans*.

(2) Dans le drame de Wilbrandt : *Der Meister Palmyre*, ce motif est surtout traité au point de vue de l'amour pour la femme.

(3) M. de Curel disait que les pleurs de la biche mourante sont une invention des poètes et, s'il lui est arrivé, d'aventure, de réfléchir au troublant problème de la souffrance universelle, aux affres du dernier passage chez tous les êtres, grands et petits, il y aura distingué moins une cruauté qu'une adresse de la Nature pour empêcher la création de se précipiter dans le suicide.

sont réellement suicidés [Raimund, Maupassant], ou ont tenté de se suicider) ne craignent pas la mort : ce qui leur est insupportable, c'est l'attente de leur sort inévitable. Aussi Dorian dit-il : « Je n'ai pas peur de la mort, c'est seulement son approche qui m'effraye. » La pensée normalement inconsciente de la destruction future du Moi (le meilleur exemple du refoulement d'une notion insupportable) martyrise ces malheureux en leur représentant leur disparition complète pour toute éternité. Seule la mort peut les débarrasser de ce martyre. Ainsi s'explique le fait paradoxal que pour se débarrasser d'une angoisse insupportable de mourir on se précipite volontiers dans la mort.

On pourrait objecter que la crainte de la mort est simplement la manifestation d'un instinct de conservation hypertrophié par lequel l'homme veut affirmer son existence sur terre. Certainement la crainte, trop justifiée, de la mort considérée comme le plus grand mal de l'humanité, prend ses racines dans l'instinct de conservation menacé par la mort, mais cette explication ne suffit pas pour motiver cette angoisse pathologique de la mort qui, dans certaines conditions, conduit au suicide. Dans une constellation névropathique de ce genre où l'individu exécute justement ce qu'il redoute le plus, il s'agit d'un conflit compliqué où, à côté de l'instinct de conservation, joue aussi l'instinct sexuel de la procréation, c'est-à-dire de la continuation de la vie. Mais l'individu à dispositions narcissiques refuse cette immortalité biologique par la procréation naturelle, ce qui équivaut à une négation de sa propre mort.

Pour prouver que pour d'autres observateurs aussi, le seul intérêt de la conservation du Moi ne peut pas expliquer suffisamment cette anxiété pathologique, nous citerons seulement le témoignage d'un auteur auquel on ne peut reprocher un parti pris psychologique : Spiess. Cet écrivain, aux travaux duquel nous avons fait de nombreux emprunts, dit que la terreur de l'homme devant la mort ne découle pas de l'amour naturel pour la vie et il s'exprime de la façon suivante, p. 115 : « Ce n'est donc pas un attachement à la vie terrestre, car l'homme la hait assez souvent... non, c'est l'amour de l'homme pour sa propre personnalité qu'il possède en pleine conscience, c'est l'amour pour son prore Moi, pour le Moi central de son individualité qui l'enchaîne à la vie. Cet amour de soi-même est un élément inséparable de tout son être. En lui, l'instinct de la conservation trouve sa racine et son sol. C'est de lui que naît le désir profond et intense d'échapper à la mort, à l'anéantissement (1), et l'espoir de se réveiller à une nouvelle vie, à une nouvelle ère de l'évolution. L'idée de se perdre soi-même est insupportable à l'homme, c'est cette idée qui lui rend la mort si terrible. Qu'on donne à cet espoir-désir le nom de vanité enfantine, mégalomanie ridicule, qu'importe, il vit dans notre poitrine, il influence et dirige nos faits et gestes. »

Ce rapport apparaît avec toute la netteté souhaitable dans les productions *littéraires* où l'affirmation et la surestimation narcissiques du Moi prédominent. L'assassinat si

(1) Rappelons ici la crainte d'être enterré vivant qui tourmentait Poe, Dostoïewsky et d'autres auteurs. Cette crainte pathologique de la mort paraît à Merejkowsky comme le facteur le plus important pour comprendre le changement qui s'est produit dans la personnalité de Tolstoï vers l'âge de soixante-dix ans. A cette époque, un tel accès de crainte de la mort a, d'après Merejkowsky, poussé Tolstoï presque au suicide (p. 30). Merejkowsky voit très justement comme explication de cette crainte démesurée de mourir un grand amour pour la vie qui se manifeste sous la forme d'un amour illimité pour son propre corps. Merejkowsky ne cesse de faire remarquer que cet amour pour son propre Moi est le trait fondamental du caractère de Tolstoï. Des obscurs souvenirs de sa première enfance, Tolstoï mentionne qu'à l'âge de trois ou quatre ans, il a ressenti une de ses plus heureuses impressions à l'occasion d'un bain : « J'ai vu pour la première fois mon petit corps avec ses petites côtes sur la poitrine et je l'ai pris en affection. » Merejkowsky montre comment, depuis ce moment, son amour pour son propre corps ne l'a plus quitté pendant toute sa vie (p. 52). De Tolstoï comme pédagogue, Merejkowsky dit (p. 15) : « Un éternel Narcisse, Tolstoï se réjouissait de voir son Moi se refléter dans les âmes enfantines... dans les enfants il n'aimait que lui-même, lui tout seul. » Comme pendant à la peur que Jean-Paul témoigne à l'aspect de ses propres extrémités, citons, comme un exemple entre beaucoup d'autres, le passage dans *Anna Karénine* où Wronsky examine avec beaucoup de satisfaction « son mollet souple qu'il venait de blesser »... Déjà, avant, il avait ressenti une joie en constatant qu'il possédait un corps vivant, mais auparavant, il ne s'était jamais autant aimé, c'est-à-dire qu'il n'avait jamais autant aimé son corps (*l. c.*, p. 53). L'amour pour soi-même, c'est le commencement et la fin de tout. L'amour ou la haine pour soi-même et seulement pour soi-même, voilà les principaux, les seuls axes tantôt ouverts, tantôt cachés autour desquels tout tourne dans les premiers ouvrages de Tolstoï, probablement les plus sincères.

fréquent du Double par lequel le héros cherche à se garantir contre les persécutions de son propre Moi, n'est pas autre chose qu'un suicide sous la forme indolore de la mort d'un autre Moi. Cet acte donne à son auteur l'illusion inconsciente qu'il s'est séparé d'un Moi mauvais et blâmable, illusion du reste qui paraît être la condition de chaque suicide. Le personnage qui veut se suicider ne peut pas écarter par un suicide direct la peur de la mort que provoque en lui le danger qui menace son narcissisme. Il a bien recours à l'unique libération possible, le suicide, mais il est incapable de l'exécuter autrement qu'en tuant le fantôme du Double redouté et haï. Il aime trop son Moi, il l'estime trop pour lui faire du mal ou pour réaliser l'idée de sa destruction (1). Un individu présentant une telle disposition narcissique ne peut plus quitter une certaine phase à laquelle est arrivé son Moi. Cette disposition le poursuit toujours et partout et commande à ses actions. Le Double se montre alors comme signification subjective de ce fait psychologique. L'explication du Double, telle que nous l'avons donnée au début (voir *l'Étudiant de Prague*), comme représentant le passé inextricable, prend ainsi son véritable sens psychologique. Nous comprenons ainsi ce qui lie l'homme à son passé et pourquoi ce passé prend la forme d'un Double (2).

(1) Gautier, dans la scène du duel de la nouvelle *Avatar* que nous avons déjà citée, montre très bien comment l'élément narcissique intervient dans la scène du duel où le Double est ménagé (p. 136). En effet, chacun avait son propre corps devant soi et devait enfoncer l'acier dans une chair qui, il y a deux jours encore, était la sienne. Ce duel se transformait en une sorte de suicide non prévu. Quoique Octave et le comte fussent tous deux courageux, ils ressentirent instinctivement une peur quand, l'épée à la main, ils étaient chacun vis-à-vis de leur propre Moi et prêts à se ruer l'un sur l'autre.

Dans la nouvelle de Schnitzler, *Le retour de Casanova*, nous trouvons un autre exemple, quoique moins démonstratif. Casanova, après une nuit d'amour, au moment où à l'aube il quitte sa maîtresse, est provoqué par son jeune rival qui, à cause de sa ressemblance avec lui, lui était devenu sympathique, depuis le premier moment de leur rencontre. Casanova n'a rien qu'un manteau autour de son corps nu. Son adversaire, pour ne pas avoir un avantage sur lui, se déshabille également. « Lorenzi était vis-à-vis de lui, magnifique dans sa nudité, comme un jeune dieu. Si je jetais mon épée, pensait Casanova, si j'allais l'embrasser. »

(2) Mickiewicz a, dans son œuvre *Dziady* (Les Aïeux), restée à l'état de fragment, traité le problème du Double d'une façon un peu particulière. Gustave, après son suicide, se réveille, au moment même de sa

Enfin, nous pouvons aussi montrer que la signification du Double comme personnification de l'âme telle qu'elle existe dans les croyances primitives et qu'elle se continue encore dans les superstitions de nos jours, est en rapport avec cette crainte de la mort. L'évolution de la croyance primitive à l'âme semble avoir des analogies avec les états psychologiques dont il est question dans les cas anormaux que nous avons étudiés. Freud (1), dans sa conception animiste du monde qui s'appuie sur la toute-puissance des pensées, a rendu vraisemblable l'idée d'après laquelle l'homme primitif, de même que l'enfant, a une nature éminemment portée au narcissisme. Les théories de la création du monde mentionnées par nous, et toutes d'une essence plus ou moins narcissique, prouvent, ainsi que les systèmes philosophiques ultérieurs basés sur le Moi (Fichte, par exemple), que l'homme ne peut percevoir la réalité qui l'entoure autrement que comme un reflet ou une partie de son propre Moi (2). Freud a montré aussi que c'est la mort, la nécessité inéluctable qui s'oppose au narcissisme du primitif et l'oblige à abandonner une partie de sa toute-puissance aux esprits. A cette notion de la mort qui s'impose à l'homme, mais qu'il essaye constamment de repousser, s'attachent les premières idées de l'âme, comme nous l'avons montré pour les peuples primitifs et civilisés. L'ombre est une des premières et plus primitives représentations de l'âme, car elle est une image fidèle du corps, quoique d'une

mort, à une seconde vie, mais il revit à peu près sa première vie jusqu'au moment exact de sa première mort. Il ne peut pas dépasser cette phase. Au début du poème, un enfant conte l'histoire d'un adolescent transformé en pierre, qui nous donne une belle image du processus psychologique dont il est ici question. Le chevalier de Twardow s'empare d'un vieux château. Dans un hall fermé de ce château, il trouve, enchaîné devant une glace, debout, un adolescent qui, par ensorcellement, se transforme peu à peu en pierre. Dans l'espace de deux siècles, il s'est déjà pétrifié jusqu'à la poitrine, mais sa figure est encore fraîche et pleine de vie. Le chevalier, savant en magie, veut casser la glace et libérer ainsi l'adolescent, mais celui-ci la demande pour se libérer lui-même et meurt en appuyant ses lèvres en un baiser sur la glace.

(1) Freud, *Animisme, magie et toute-puissance des pensées* (v. Totem et Tabou, 2e partie).

(2) Frazer, *Belief, etc.*, p. 19 ; Heinzelmann, *l. c.*, p. 14, cité par H. Visscher, *Relig. und soziales Leben bei den Naturvölkern*, Bonn, 1911.

substance plus légère. Cependant, Wundt (1) conteste que l'ombre ait une part originelle dans la représentation de l'âme. Il croit que « l'âme-ombre », l'*alter ego* de l'homme, différente de l'âme qui anime le corps, a « de toute vraisemblance son unique source dans le rêve et dans la vision » (2).

Cela est sans doute exact, seulement il me semble que le rêve nous enseigne surtout la survie de l'âme *des autres*, car c'est un fait d'expérience que dans le rêve nous apparaissent surtout des personnes mortes qui nous étaient proches. Certainement, nous pouvons nous voir nous-mêmes dans le rêve tels que nous sommes actuellement et tels que nous avons été dans le passé, mais cette expérience a difficilement pu servir comme preuve de notre propre survie après la mort, puisque nous rêvons comme vivants, c'est-à-dire que nous devenons conscients d'avoir rêvé. L'apparition des morts dans le rêve peut avoir étayé la croyance à une survie de l'âme après la mort seulement en ce sens que le vivant croyait, ou tout au moins espérait, un tel événement aussi pour lui-même. Mais dans l'ombre ou dans le reflet, l'homme pouvait encore de son vivant avoir une preuve de l'existence de son âme. C'est la raison pour laquelle, dans un travail antérieur, j'ai déjà résisté à la tentation facile de laisser découler du rêve (3) la croyance à l'âme. L'homme a bien pu tirer de ses rêves de personnes mortes depuis peu, la croyance que le Moi continue son activité aussi après la mort, mais seule l'ombre ou le reflet a pu lui enseigner que pendant sa vie aussi il possédait une âme, un Double spirituel et mystérieux. Nos recherches semblent montrer qu'au début ce Double était l'âme de l'homme vivant et que peu à peu il est devenu l'âme du mort. Cela veut dire qu'avec l'évolution de la conception originairement dualiste de l'âme vers une « psyché » (âme unitaire), le Double a également évolué d'un ange

(1) *Völkerpsychologie.*

(2) Le rêve, comme source principale de la croyance en l'immortalité de l'âme après la mort, se trouve noté chez Frazer, *Belief, etc.*, p. 57, 140, 214, et Radestock, *l. c.*, p. 251.

(3) J'ai déjà traité ce sujet dans mon livre : *Seelenglaube und Psychologie.*

gardien à un ange de mort. Cette évolution serait donc un reflet de la notion que l'âme est identique au Moi et meurt en conséquence en même temps que lui, notion longtemps arrêtée et enfin réfutée par la croyance à l'âme considérée comme un Double du Moi.

Tylor (*l. c.*), avec de nombreux exemples à l'appui, a montré que chez les primitifs, les appellations de l'âme du nom de reflet ou d'ombre étaient très répandues. Heinzelmann, qui s'appuie sur des recherches encore plus récentes, est sous ce rapport également en opposition avec Wundt, en prouvant qu'il s'agit en l'espèce d'une conception constante et très répandue. Le primitif et l'enfant aussi, d'après Spencer, considèrent (1) l'ombre comme une entité réelle attachée au corps de l'homme. Les différents tabous, précautions, défenses dont le primitif entoure l'ombre, prouvent de la même façon l'estime narcissique que le sauvage a de son Moi, et la peur de toute menace pour ce Moi. Il apparaît donc avec évidence que c'est le narcissisme primitif, se sentant particulièrement menacé par la destruction inévitable du Moi, qui a créé comme toute première représentation de l'âme une image aussi exacte que possible du Moi corporel, c'est-à-dire un véritable Double pour *donner ainsi un démenti à la mort par le dédoublement du Moi sous forme d'ombre ou de reflet.* Nous avons vu que pour les sauvages, les appellations d'ombre, image, reflet, servent aussi pour l'âme. Chez les Grecs, les Égyptiens et d'autres peuples très civilisés, l'idée primitive de l'âme coïncidait avec celle d'un Double de même essence que le corps (2). La conception de l'âme comme un reflet suppose également qu'il s'agit d'une image exacte du corps. Negelein parle même directement d'un « monisme primitif de l'âme et du corps », par quoi il entend qu'au début

(1) Cf. aussi la poésie mentionnée de Stevenson.

(2) D'après Rohde, l'idée primitive de l'âme conduit au dédoublement de la personnalité, à la formation d'un deuxième Moi. « L'âme disparue au moment de la mort est l'image exacte du corps humain vivant sur terre » (Heinzelmann, *l. c.*, p. 20). Mentionnons aussi Rudolph Kleinpaul (*Volkspsychologie*, Berlin, 1914), d'après lequel la représentation plus ancienne de l'âme apparaît également sous forme d'un Double (p. 5 et suiv., 131, 171).

l'idée de l'âme coïncidait complètement avec celle d'un second corps. Il cite comme preuve la coutume des Égyptiens de confectionner des images des morts (1) pour préserver ceux-ci d'un anéantissement éternel. La conception de l'âme avait donc une origine très matérielle. Plus tard, avec l'expérience réelle grandissante de l'homme, qui cependant ne voulait pas admettre la mort comme un anéantissement définitif, elle s'est au moins maintenue en une conception immatérielle. Au début, il ne s'agissait nullement d'une croyance en une immortalité. Au narcissisme primitif comme nous le rencontrons encore aujourd'hui chez l'enfant, correspond une ignorance complète de l'idée de la mort. Le primitif, comme l'enfant, croit tout naturellement pouvoir continuer éternellement sa vie (2). La mort n'est pas un événement naturel, elle est due à un maléfice. C'est seulement après que l'idée de la mort eut été conçue et que le narcissisme menacé eut suscité la crainte de la mort que le désir de l'immortalité s'est éveillé chez l'homme. Cette immortalité est ainsi un accommodement partiel entre la croyance naïve primitive en une vie éternelle et l'expérience faite entre-temps de la mort. Ainsi donc, la croyance primitive en l'âme n'est au début rien d'autre qu'une sorte de croyance à l'immortalité (3), qui donne à la puissance

(1) Les miroirs se trouvent parmi les dons faits aux morts dans les temps les plus reculés chez les Grecs (Creutzer, t. IV, p. 196) et chez les Mahométans (Haberland, *l. c.*).

(2) Frazer, *Belief, etc.*, p. 33, 35 et 53. Très caractéristique de cette conception naïve est une anecdote que rapporte l'anthropologue K. von den Steinen. Un jour, il a demandé à un Indien de la tribu des Bakairi de lui traduire dans sa langue la phrase suivante : « Tous les hommes doivent mourir. » A son grand étonnement, Steinen a dû constater que l'homme était incapable de saisir le sens de la phrase, car il n'avait aucune idée de la nécessité de mourir (*Unter den Naturvölkern Zentral-Brasiliens*, Berlin, 1894, p. 344, 348, d'après Frazer, *Belief, etc.*, p. 35).

(3) En réalité, le primitif ne connaît pas une immortalité comme nous la concevons. Même pour la vie de l'âme parmi les ombres, quelques peuples primitifs croient qu'il s'agit d'une vie s'éteignant peu à peu en même temps que se fait la décomposition du corps (Frazer, *l. c.*, p. 165, 286). D'autres croient que l'homme meurt plusieurs fois dans l'Enfer jusqu'à ce qu'il disparaisse définitivement. Cette conception est en tout point analogue à la conception enfantine où l'idée que nous avons de l'état de mort manque et est remplacée par des états variés.

de la mort un démenti énergique. Aujourd'hui encore elle n'est pas devenue beaucoup plus, et constitue le principal contenu de notre croyance à l'âme telle que nous la rencontrons dans la religion, dans la superstition et dans le culte moderne (1). L'idée de la mort a été rendue supportable par l'intervention du Double, dont le rôle est d'assurer une autre vie après celle-ci. Comme dans le narcissisme menacé par l'amour sexuel (2), nous voyons, dans la crainte de la mort, que le Double qui au début devait chasser la représentation de la mort, la ramène, puisque d'après une superstition généralisée, il annonce la mort et qu'une offense qui lui est faite est ressentie par l'individu.

Nous voyons donc que le narcissisme primitif se met en garde contre les dangers qui le menacent, par des réactions destinées à empêcher la destruction totale du Moi, ou seulement une offense ou une diminution de ce Moi. Ces réactions ne correspondent pas à la peur normale que l'on pourrait, avec Visscher, *l. c.*, considérer comme la forme défensive d'un instinct de conservation très développé. L'homme primitif a exagéré cette peur normale comme le fait le névropathe, jusqu'à

(1) Le spiritisme moderne prétend que les âmes des morts peuvent revenir sous leur enveloppe charnelle (les esprits), de même le sens du Double dans l'occultisme indique que l'âme quitte le corps, prend une forme matérielle qui, dans des conditions plus favorables peut devenir visible (extériorisation de l'âme). Nous voyons de plus qu'on a identifié en un temps l'âme avec la conscience de soi-même qui s'éteint dans la mort. L'opinion scientifique actuellement régnante n'a pas encore su se débarrasser de cette conception, comme nous le montre la résistance instinctive qu'on oppose à admettre une vie inconsciente de l'âme. Maeterlinck, dans son livre profond *Sur la Mort*, a poursuivi ce problème, que nous ne pouvons que mentionner ici, jusqu'aux plus extrêmes limites de la spéculation idéologique.

(2) Tourguénieff écrit à un ami : « L'amour est une de ces passions qui détruisent notre propre Moi » (Merejkowsky, p. 65). La transformation du narcissisme de l'homme par l'amour se montre bien dans un passage de *Légende*, de Strindberg, qui est tout à fait caractéristique pour les dispositions de cet auteur vis-à-vis de la femme (p. 293) : « Nous commençons à aimer une femme en déposant près d'elle notre âme partie par partie. Nous dédoublons notre personne et la femme aimée qui auparavant nous était neutre et indifférente, commence à revêtir notre autre Moi, elle devient notre Double. » Dans la nouvelle de Villiers de l'Isle-Adam : *Véra*, il suffit au jeune homme de revoir dans ses hallucinations sa jeune femme défunte, de l'incorporer dans sa propre personne pour se sentir heureux dans cette existence doublée.

l'anxiété pathologique qu'on ne peut expliquer par les seules expériences de la peur (1). Un deuxième facteur intervient ici, qui nous paraît provenir des menaces ressenties d'une façon aussi intense et dirigées contre le narcissisme, par lequel l'homme se redresse autant contre sa disparition dans l'amour sexuel qu'il se dresse contre l'anéantissement complet. Ce narcissisme, nous le voyons, soit dans sa forme primitive, comme dans le mythe grec, ou comme chez Oscar Wilde, le représentant de l'esthétisme le plus moderne ; soit dans les réactions morbides de défense qui vont souvent jusqu'à l'anxiété paranoïaque devant le propre Moi, personnifié dans l'ombre, dans l'image ou dans le Double. Mais d'un autre côté, dans les mêmes phénomènes de défense revient aussi la menace contre laquelle l'individu a voulu se défendre et se garder, et ainsi s'explique que le Double qui devrait personnifier l'amour narcissique devient précisément un rival dans l'amour sexuel ou, créé au début dans le désir d'éloigner l'anéantissement éternel tant redouté, revient dans la superstition comme un messager effrayant de la mort.

Avec le développement de l'intelligence chez l'homme et la notion consécutive de culpabilité, le Double qui, à l'origine, était un substitut concret du Moi, devient maintenant un diable ou un *contraire* du Moi, qui détruit le Moi au lieu de le remplacer. Le diable, qui d'après la croyance de l'Église s'empare d'une âme coupable et la prive ainsi de l'immortalité, est donc un descendant direct de l'âme immortelle personnifiée qui, lentement, s'est transformé en un esprit mauvais. Ainsi l'individu, sachant qu'il doit mourir, se punit lui-même par la conception d'un diable, ennemi de son âme. Il vit avec la conscience de sa disparition prochaine ou plutôt avec un sentiment de culpabilité qui lui fait constamment craindre un arrêt de mort.

(1) Heinzelmann, *l. c.*, p. 60.

DON JUAN

DON JUAN. — Le seul héros qu'admire au fond l'humanité!
Mais lis leurs livres! vois leurs drames! tout l'atteste!
Vois de quel œil luisant la vertu me déteste!
Qu'attendent du pouvoir tant d'hommes plats et lourds
Que se croire un instant ce que je suis toujours?
Vois avec quelle ardeur d'exégèse et d'envie
Le nez de professeurs s'est fourré dans ma vie!
Qui n'admire en secret que j'ose le baiser
Qu'il s'est senti trop lâche ou trop laid pour oser?
Je suis leur nostalgie à tous! Il n'est pas d'œuvre
— Malgré ton sifflotis d'ancienne couleuvre —
Il n'est pas de vertu, de science ou de foi
Qui ne soit le regret de ne pas être moi
LE DIABLE. — Que va-t-il t'en rester?
DON JUAN. — Ce qui reste à la cendre
D'Alexandre : elle sait qu'elle fut Alexandre,
Mais puisque j'ai moi-même été tous mes soldats,
Moi, j'ai même possédé!
LE DIABLE. — Tu possédas?
Posséder, c'est leur mot. Mais cher immoraliste,
Qu'as-tu donc possédé?
DON JUAN (*appelant*. — Sganarelle...
(*A Sganarelle qui entre*). — Ma liste!

Edmond ROSTAND.

La dernière nuit de Don Juan (Paris, 1921).

1. Le développement du personnage de Don Juan dans la littérature

Le son enchanteur du nom devenu immortel du héros espagnol de l'amour éveille involontairement une foule d'idées et d'espérances de nature érotique qui paraissent attachées à lui d'une façon inséparable. En publiant aujourd'hui sous le titre : *Don Juan*, quelques réflexions que nous a inspirées une représentation du chef-d'œuvre de Mozart, nous prévenons le lecteur dès le début qu'il sera peu question de la fascination qu'exerce Don Juan sur le public. Encore moins sera-t-il question de Mozart qui, cependant, a une part bien grande à l'immortalité de son héros, puisque seul parmi les musiciens il a su traiter, avec un succès aussi durable qu'universel, un sujet qui chez les poètes jouit d'une si grande faveur. Il suffit de laisser un moment de côté l'idée traditionnelle du chevalier érotique pour s'apercevoir, non sans une certaine surprise, que dans l'opéra de Mozart il ne s'agit pas du tout d'un aventurier, heureux dans ses prouesses amoureuses, mais plutôt d'un pauvre pécheur poursuivi par la malchance et qui, en fin de compte, subit le sort traditionnel des gens de son époque, c'est-à-dire l'expiation dans l'Enfer chrétien. Le spectateur, à l'Opéra, a le privilège de se représenter en imagination le temps des succès et des jouissances du véritable Don Juan. De ce privilège naturel, il ne fait que trop volontiers usage, et il abandonne à la scène dramatique le devoir moralisateur de représenter ce qu'il peut y avoir de tragique dans l'histoire de Don Juan. Si donc nous dirigeons notre analyse sur ce côté du caractère de Don Juan, pénible à notre sentimentalité, nous ne faisons que suivre les traits esquissés par la tradition et la littérature. Dans ce but notre attention se portera tout d'abord sur le développement du personnage de Don Juan. Un simple coup d'œil sur les nombreuses incarnations littéraires du personnage de Don Juan nous montre que cette recherche ne nous apportera que peu d'éclaircissements, car le type immortalisé par Mozart est entré tout d'une pièce dans la littérature, tandis que le séducteur de femmes si familier à l'imagination populaire n'a jamais existé. Tirons donc la conclusion logique que ce volage « bourreau des cœurs » n'est pas l'essentiel du thème de Don Juan, mais que la légende et la poésie y ont cherché et trouvé autre chose dès le début. Le type du chevalier érotique de grand style aurait été personnifié beaucoup plus facilement par une autre figure que celle du *Don Juan* de Mozart (1). D'un autre côté, ce spectacle de l'enfer chrétien, tout chargé du sentiment du péché originel, nous serait devenu aussi étranger que tous les autres Mystères de l'Église médiévale, si un grand homme et qui était en même temps un grand artiste n'avait pas accompli ici le même acte de purification que Goethe qui, du sorcier d'un théâtre religieux de Marionnettes, a créé *Faust*, ou Shakespeare qui, des drames de ses prédécesseurs, a tiré *Hamlet*. Ces trois génies ont arraché au fatras parasitaire, qui l'encerclait de toutes parts, l'Éternel humain, et ont su l'exprimer dans des symboles impérissables.

La tradition montre de toute évidence que dans le thème de *Don Juan* ce n'est pas l'impulsion sexuelle effrénée qui est le motif principal. Nous n'avons nul besoin non plus de l'histoire qui nous prouve froidement que Don Juan n'a jamais existé en réalité, pour nous confirmer dans l'opinion que l'imagination des poètes a voulu peindre en Don Juan la nature du Héros conqué-

(1) Cf. Oskar A. H. Schmitz, *Don Juan, Casanova und andere erotische Charaktere. Ein Versuch*, München 1913.

rant auquel rien ne résiste. Cette conception se trouve pleinement confirmée par l'étude de l'histoire littéraire sur ce point particulier. La plus ancienne personnification connue de Don Juan se trouve dans une comédie espagnole parue avant 1620, dont nous possédons deux variantes différant peu entre elles : *Le Burlador de Sévilla* (1) et le *Tan largo me Lo fiais?* (2).

L'auteur de *Burlador* ne s'appuie sur la tradition qu'à partir du moment où le mort bafoué *se venge* sur son railleur sans conscience (*Le Burlador*). Il a été réservé au poète de *Burlador* de faire de ce scélérat aussi un séducteur de grande envergure. En faisant cela, l'auteur a le mérite d'avoir donné à son héros ce qui, pour nous, constitue le principal caractère de Don Juan. Dans le *Burlador*, on trouve les bases de l'œuvre magnifique où un siècle et demi plus tard le sujet de Don Juan a trouvé sa plus belle expression : *Don Giovanni* de Mozart.

Nulle part dans la littérature jusqu'à Mozart, nous ne trouvons dans le sujet de Don Juan le motif poétique de la séduction, cependant si attrayant pour l'imagination populaire, mais au contraire, et comme du fait d'une nécessité énigmatique, nous y rencontrons partout le motif tragique de la culpabilité et du châtiment, depuis longtemps transmis par la tradition. Cela se manifeste déjà extérieurement par le fait que du double titre de la pièce de Tirso de Molina, *El Burlador de Sévilla y convidado di pietra*, le deuxième titre : *Le festin de Pierre*, a été seul maintenu par les auteurs jusqu'au XVIIIe siècle sans

(1) L'opinion soutenue pendant des siècles que Don Juan Tenorio, chambellan de Pierre le Cruel, roi de Castille, ait été le modèle de Burlador, a été reconnue erronée à la suite des recherches de Farinelli et d'autres. On peut considérer comme certain que l'auteur de Burlador a choisi pour son héros le nom d'une personne connue sans qu'il y ait un rapport quelconque entre celle-ci et les événements qui se déroulent sur la scène (Heckel, *Das Don Juan Problem in der neueren Dichtung*, Stuttgart, 1915).

Il nous paraît impossible de considérer avec le Dr G. R. Lafora (*Don Juan and other psychological studies*, London, 1930) le Don Juan comme un cas ressortissant à la psychologie. Lafora mentionne d'autres auteurs espagnols comme Maranon et Maeztu, qui voient en Don Juan un caractère mythique.

(2) Cf. Franc. Agustin, *Don Juan en al teatro en la novela y en la vida* (Madrid, 1929, Bibl. de Ensayos, n° 9).

que le nom du héros, qui aujourd'hui exerce sur nous une telle fascination, parût dans le titre. En nous tenant à la tradition pour laquelle ce dernier motif est le plus important du sujet, nous aurons mieux limité le champ de nos propres recherches.

Malheureusement, nous ne connaissons pas les raisons personnelles qui ont amené le premier créateur du Don Juan à donner de l'image de son héros cette expression grandiose. Mais de Mozart, l'artiste qui a insufflé une vie immortelle à cette création, nous connaissons un fait biographique qui nous montre bien sa disposition vis-à-vis de tout le problème du Don Juan, et qui en même temps jette une lumière sur les sources profondes de la production artistique. Comme ses prédécesseurs, ce n'est pas le motif érotique qui a inspiré ce grand maître, mais un motif tragique, dont l'action profonde nous a été rendue compréhensible par Freud, à l'occasion de l'étude d'un autre grand artiste. *Le père de Mozart mourut* juste à l'époque où le compositeur commençait à étudier le sujet que lui proposait son librettiste Da Ponte. Quelques mois plus tard, mourut aussi son meilleur ami, Barisani (1). Tous les biographes insistent sur le fait que l'artiste a profité de la création de *Don Juan* pour soulager son âme opprimée, tous racontent avec quelle intensité il s'est jeté sur le travail. La légende d'après laquelle il aurait écrit l'ouverture en une seule nuit montre bien à quel point Mozart donnait à son entourage l'impression d'être comme possédé par son travail (2). On sait que, d'après les conceptions psychanalytiques, la mort du père provoque des réactions affectives ambivalentes qui sommeillent chez tout homme et surtout chez l'artiste. Il

(1) Au printemps de 1787, après son retour de Prague à Vienne, Mozart a été dirigé par Da Ponte sur le sujet de Don Giovanni. Mozart prit même une part importante à l'élaboration du poème. Le 28 mai 1787, son père mourut ; le 3 septembre, son ami ; le 29 octobre eut lieu la première, pour laquelle les musiciens reçurent les feuilles de l'ouverture encore humides et couvertes de sable à sécher.

(2) Stendhal, un des plus fins connaisseurs de Mozart, a déclaré il y a plus de cent ans déjà que la mélancolie était le noyau de la « gaie » musique de Mozart. Un biographe récent de Mozart, Arthur Schurig, insiste également sur le fond « démoniaque » de la personnalité de Mozart.

est alors bien compréhensible que de tels événements aient poussé Mozart à une sorte de transfiguration de son sujet, pour affirmer ainsi par un acte de compensation sa tendance à la vie.

A côté de cet événement personnel, quelle a été la part qui revient à la musique elle-même comme expression artistique dans ce chef-d'œuvre? Manquant en une certaine mesure de compréhension pour les moyens d'expression dont dispose la musique, nous ne pouvons formuler là-dessus que des suppositions. Il semble que la musique, grâce à sa faculté d'exprimer parallèlement différents mouvements affectifs, soit particulièrement capable de représenter et de déterminer les conflits ambivalents. Or, il existe dès le début, dans le fond même du caractère de Don Juan, une rupture entre cette sensualité sans frein qui le caractérise d'une part, et de l'autre le sentiment de culpabilité et la crainte du châtiment. Cette dualité est au fond une lutte entre la joie de vivre et la crainte de la mort. Il n'y a que la musique qui, du fait de la souplesse de ses moyens d'expression, puisse traduire si parfaitement la simultanéité de ces deux sentiments contradictoires (1). Tandis que l'orchestre marque par les accords graves (le chant du convive de pierre) le pénible conflit qui pèse sur la conscience du héros, s'élève par-dessus cette voix dans des rythmes passionnés la nature indomptable et la joie voluptueuse du conquérant, avec une sensualité comme on la chercherait en vain dans toute la littérature si riche du *Don Juan*.

Quoiqu'il nous paraisse certain que Mozart, dans la composition du *Don Juan*, ait donné une expression artistique à la réaction sentimentale provoquée chez lui par la mort de son père et celle de son ami, en exprimant dans un drame lyrique sa volonté d'une vie personnelle et immortelle, il est tout de même inadmissible de considérer la légende de Don Juan uniquement dans le sens de Freud, et de l'expliquer par le complexe du Père.

(1) Voir Siegfried F. Nadel : *Der duale Sinne der Musik*, Regensburg, 1931, qui confirme notre thèse.

D'après la psychanalyse les nombreuses femmes que Don Juan doit conquérir constamment représenteraient l'unique mère irremplaçable. Les concurrents et adversaires trompés, bafoués, combattus et finalement tués, représenteraient l'unique ennemi mortel invincible, le père. Mais une telle interprétation qui se justifie dans l'analyse d'un individu ne peut nous suffire quand il s'agit d'un motif littéraire populaire. Car la transformation du fils, resté fidèle à la mère intangible, en un contempteur cynique et infidèle des femmes, suppose un travail de refoulement, de déplacement, de sublimation qu'on peut dans une certaine mesure reconstituer avec assez de vraisemblance, mais qu'il ne faut à aucun prix confondre avec l'origine de la légende.

Nous n'avons qu'à rappeler la deuxième version parallèle du modèle de Don Juan, l'histoire de Don Miguel de Marana, pour voir que la tradition espagnole du Don Juan nous révèle des problèmes plus profonds concernant la psychologie du Moi et la croyance à l'âme. Ce héros d'une légende de Séville, proche parent du personnage de Don Juan Tenorio, a réellement vécu et l'histoire en a gardé les traces. Né à Séville en 1626, il a mené, tel son Double fameux plus connu, une vie de luxure et d'impiété, mais différent de notre héros, il s'est converti à la fin de sa vie et a fait pénitence. En opposition absolue avec l'insatiable séducteur de femmes, le Don Juan historique nous présente un cas de fidélité à son épouse qu'on pourrait qualifier de pathologique. A l'âge de trente ans il épousa Girolina Carillo de Mendoza. Il aimait sa femme plus que lui-même et quand elle mourut il perdit presque la raison. Torturé par une douleur farouche, il s'enfuit avec le corps de l'aimée dans la montagne, et quand sa douleur ce fut un peu calmée, il chercha dans un couvent la paix et la consolation. Mais quand un jour il revint à Séville, l'ancienne plaie se rouvrit et fit de lui la proie d'un délire tragique. Souvent il *croyait assister à ses propres funérailles*, et quand il allait par les rues il croyait voir devant ses yeux une femme qui de stature et de port ressemblait *à s'y méprendre à Girolina la morte*. La vision se soustrayait à lui à mesure qu'il approchait et regardait avec les yeux caves d'une tête de mort son suiveur en se retournant vers lui. Don Miguel s'adonna avec ferveur aux exercices de piété et de mortifications, pour échapper à ces horribles hallucinations et pour expier les péchés de sa vie mondaine et sensuelle des jours passés. Il fit de riches dons à l'Église et s'abaissa au rôle de *serviteur* des pauvres et des misérables, et fit même la toilette des morts. Depuis ce temps il passa ses jours parmi les cadavres des criminels suppliciés, qu'il lavait et oignait de ses mains exclusivement vouées aux œuvres de charité. Quand enfin il fut près de mourir, il mit ses dernières volontés dans le testament suivant : « Je commande et j'ordonne que mon corps soit étendu pieds nus sur une croix de cendres. Je veux être enseveli dans un manteau et désire avoir à la tête une croix et deux cierges. Mon corps, mis dans un cercueil de pauvre, accompagné de douze prêtres, sera conduit sans faste ni musique funèbre à l'église Santa Caritas et sera mis en terre au cimetière de cette église. Ma fosse sera creusée sous le porche en dehors de l'église pour que tout le monde passe sur moi et me piétine. Ainsi doit être traité mon corps impur, indigne de reposer dans le temple de Dieu. De plus, ma volonté est qu'on mette sur ma tombe une pierre de *un pied et demi au carré* portant cette inscription : « Ici reposent les os et la cendre de l'homme le plus infâme qui jamais vécut au monde. Priez pour lui. »

Nous trouvons donc dès le début, dans la tradition du folklore de Séville, deux personnages de Don Juan qui, d'après Heckel (*l. c.*, p. 53), ont été tout de suite confondus partiellement, de sorte que, dans des ouvrages ultérieurs, les différences entre ces deux héros disparaissent et que leur sort devient identique. En opposition avec le Don Juan Tenorio il existe, comme le fait remarquer Heckel, dans l'histoire du Don Juan de Marana, un réel fond historique. Ce Double moins connu du Don Juan représente probablement un type qui a dû exister à cette époque, qui se repent à temps de ses péchés et participe ainsi de la grâce divine. Le plus grand péché de Don Juan, condamné au feu éternel de l'Enfer, ainsi que Tirso le représente dans sa deuxième version de Don Juan (*Le*

Burlador, représenté à Barcelone en 1630) est le doute de la grâce de Dieu. Un rêve met en garde le Don Juan historique contre les horreurs de la damnation éternelle, mais au lieu de terminer le reste de ses jours dans un repentir sincère, il décide de continuer sa vie de plaisirs pour échapper seulement au dernier moment aux peines de l'Enfer. Aux conseils de repentir et de pénitence qui sont adressés constamment à Don Juan au cours de la pièce, celui-ci répond par une phrase typique : « qu'il lui reste encore assez de temps pour cela ». Mais il manque le bon moment parce qu'il n'a compté qu'avec les conditions matérielles de la vie et non pas avec les forces spirituelles dont la vengeance le surprend en la personne du Commandeur tué.

Nous comprendrons seulement plus tard pourquoi cette forme purement poétique du sujet a remporté la faveur du public plutôt que la sainte vie de Don Juan de Marana. Constatons ici seulement le fait que le personnage de Don Juan entre dans la tradition comme un Double. Quoiqu'il n'ait jamais perdu ce caractère, les expressions de ce Double ont, comme nous le montrerons dans la suite, subi des modifications conformes aux changements qu'ont subis les idées touchant à la croyance à l'âme.

2. La division de la personnalité en maître et valet

Dans l'opéra de Mozart, ce sont deux problèmes artistiques qui ont retenu notre attention. Leur étude formera le contenu des chapitres qui vont suivre. L'un de ces problèmes concerne la forme qu'a donnée le poète à son œuvre, l'autre nous conduit à analyser le fond de l'œuvre en nous appuyant sur l'idée de l'âme telle que la tradition nous l'a transmise. Malgré leur caractère totalement différent, ces deux problèmes ont une étroite connexion psychologique entre eux et avec l'essence même du sujet du *Don Juan*. L'étude du sujet nous conduira, en dernière analyse, à l'idée du péché, telle qu'elle s'est développée en fonction des idées que l'on se faisait originellement sur l'âme, tandis que le problème de la forme nous rendra compréhensibles le travail de l'imagination poétique et la portée sociale de la littérature.

Si en suivant notre plan nous devons délaisser pour l'instant la figure dominante de Don Juan, nous sommes frappés par un trait de son *valet Leporello*, non moins fameux que lui, qui par un petit détour nous ramène tout de même vers le héros. Ce valet, qui est plutôt son ami et confident dans toutes ses affaires amoureuses, n'est pas un compagnon volontaire et un comparse, mais plutôt un domestique lâche, peureux, soucieux seulement de ses propres intérêts. En sa qualité de compagnon et confident, il se permet des critiques tout à fait inadmissibles (« La vie que vous menez est celle d'un vaurien », acte I, scène V). Il demande et peut-être reçoit-il aussi *in natura* une partie du butin que fait son maître. Comme valet, il essaye anxieusement d'éviter tout danger, refuse à tout moment le travail et, pour compléter le type du mauvais domestique, ne peut être retenu au service que par de l'argent et des menaces (1). En servant au festin il chipe sur la table les meilleurs morceaux.

On pourrait dire : tel maître, tel valet, et faire remarquer que Don Juan lui permet ces libertés parce qu'il a besoin de lui. Ainsi, dans la fameuse scène du registre, quand Donna Elvira demande des explications au héros, celui-ci se soustrait à cette situation pénible en laissant Leporello à sa place. Avant même que Donna Elvira ne s'en aperçoive, l'habile aventurier disparaît et à sa place Leporello lui donne lecture du registre des victimes délaissées, avec la véritable fierté du domestique qui s'identifie avec son maître.

Ici nous rencontrons un motif qui, au cours de l'action, se développera encore davantage mais qui, dès le début de l'opéra, dès les premières paroles de Leporello, s'étale comme en exergue :

Voglio far il gentiluomo
Et non voglio più servir (Acte I, Scène 1).

(Je veux moi-même être le maître et ne veux plus servir.)

C'est le sort peu enviable de Leporello d'avoir à remplacer son maître dans les situations pénibles et critiques. Ainsi une autre fois, après avoir vainement essayé de séduire Zerline, Don Juan fait passer son domestique pour le coupable et s'apprête même à le châtier... L'aventure semble plus heureuse pour Leporello, quand Don

(1) Déjà dans la première scène Leporello chante :
Notte e giorno faticar
Per chi nulla sa gradir;
Piova e vento sopportar,
Mangiar male e mal dormir...
Dans le dialogue de la deuxième scène il se hasarde à dire à son maître : « Ne comptez plus sur moi », et dans la scène 3 : « Maintenant il est sage de partir d'ici. »

Juan échange avec lui chapeau et manteau pour séduire la suivante de Donna Elvira, tandis que Leporello doit se charger de la maîtresse délaissée de Don Juan. Mais cette aventure, amusante au début, tourne de nouveau à la déconfiture de Leporello. Le groupe des vengeurs qui, entre-temps, a constamment grandi (Donna Anan, Octavio, Masetto et Zerline), s'est mis à la poursuite de Don Juan et croit tomber sur le coupable, mais en réalité découvre Leporello qui, jurant de son innocence, demande piteusement grâce.

L'astuce avec laquelle il se tire de cette situation périlleuse éveille en nous le soupçon qu'il est peut-être plus qu'un élève habile, qu'il est peut-être identique à son maître. Avant d'expliquer comment nous comprenons cette identité entre le maître et le valet, il nous faut rappeler encore deux scènes, une qui précède et l'autre qui suit la situation à laquelle nous venons de faire allusion. Nous voyons dans ces scènes que non seulement Leporello remplace son maître quand celui-ci répugne à donner de sa personne, mais que Don Juan aussi prend la place de son domestique auprès de la suivante de Donna Elvira, et il la prend aussi dans un autre épisode que nous connaissons seulement par le récit qu'en fait Don Juan à Leporello et qui nous conduit au festin, à la deuxième partie du drame. Quand maître et valet, heureusement sortis de l'aventure en travesti, se réunissent de nouveau au cimetière, Don Juan raconte à Leporello une aventure qu'il a eue depuis et qu'il devait précisément au fait de s'être travesti en domestique. Leporello devine tout de suite que cela n'a pu être qu'avec sa propre femme. Il reproche à son maître cet abus. Celui-ci trouve la situation d'autant plus drôle et fait même une remarque qui nous montre qu'en abusant de la femme de Leporello il a voulu assouvir une rancune obscure : « Je t'ai seulement tenu quitte de ce que tu me devais », dit Don Juan à Leporello. Mais nous discernons bien dans quelle interdépendance ont toujours vécu le maître et son valet. Au même moment on entend une voix sortir du monument du Commandeur (« Téméraire, laisse la paix aux défunts »).

Ici commence la deuxième partie, qui paraît comme accolée au sujet du *Don Juan* : Le Festin de Pierre. Nous en parlerons plus loin, mais avant, il nous faut étudier ce que signifie l'identité de Don Juan et de Leporello, dans quelle mesure elle aide à comprendre l'action, les personnages de la pièce, la psychologie du poète et même celle du spectateur.

Avant tout, il faut nous rendre compte que du moment où nous affirmons l'identité entre Don Juan et Leporello, nous abandonnons le plan de la critique littéraire habituelle et nous nous adressons à une conception psychologique qui ne considère plus les personnages de la pièce comme ils semblent se présenter réellement. Si nous retenons ce que Heckel écrit d'une façon si perspicace du caractère de Leporello, nous y voyons aussi que ce personnage ne constitue pas une entité, mais qu'il nous fait plutôt sentir qu'il existe entre lui et Don Juan une interdépendance psychologique. « Comme ce *héros négatif* est enchaîné à ce séducteur téméraire, qui ne craint ni Dieu ni diable, comme il voudrait s'en séparer à chaque moment et néanmoins ne peut *s'évader* de la domination de ce personnage plus fort, comme constamment il devient le *bouc émissaire* des tristes exploits de son maître dont il est *absolument innocent*, tout cela est presque tragique au plus haut point » (Heckel, *l. c.*, p. 24).

Nous ne pouvons pas nous imaginer Don Juan sans son valet et comparse Leporello. Ce n'est pas seulement une nécessité exigée par la logique de l'action, c'est aussi une sorte de besoin sentimental en nous de confondre ces deux personnages du poème en une individualité psychologique. Nous voulons dire que le poète n'a pas trouvé son « héros négatif » dans la réalité, qu'il ne l'a pas « inventé » non plus pour animer l'action par le contraste qui en résulterait. Nous croyons plutôt que le personnage de Leporello constitue une nécessité technique liée au développement du caractère du héros. Ce serait une tâche attrayante de démontrer par un grand nombre d'exemples que ce mécanisme de la production poétique obéit à une règle générale. On verrait que les plus beaux exemples se trouvent précisément chez les plus grands poètes de tous les pays. Nous trouvons dans toutes les grandes œuvres poétiques des procédés analogues pour présenter des caractères qui se complètent mutuellement, depuis les premiers essais comme on en trouve chez Cervantès, Goethe, Balzac, Dostoïewsky, jusqu'aux œuvres de la littérature la plus moderne qui, désireuse de bien marquer cette tendance, use plus ou moins consciemment de cette manière de procéder. Quelquefois cette technique est tout à fait apparente, comme par exemple chez Alphonse Daudet, qui met dans la bouche de son plus fameux héros un monologue délicieux entre Tartarin-Quichotte et Tartarin-Sancho (1). Ce dont il s'agit pour nous ce n'est pas la conception appartenant déjà au domaine de la psychologie courante d'après laquelle l'auteur projette dans les personnages de son imagination des parties de son Moi. C'est aussi l'idée de Léon Daudet, qui dans son livre remarquable d'introspection psychologique : *L'Hérédo, essai sur le drame intérieur* (Paris, 1916), étudie des problèmes analogues. Pour nous, nous voulons aller plus loin, en montrant ce mécanisme selon lequel un seul caractère est représenté par deux personnages, dont la fusion *seule* nous permet de comprendre complètement ce caractère. Ainsi par exemple chez Goethe, Le Tasse est complété par le personnage d'Antonio, ou chez Shakespeare, Othello peut être si naïf et si confiant parce que sa propre jalousie est incarnée dans le personnage de Iago.

Il eût été impossible de faire du personnage de Don Juan ce chevalier frivole, sans conscience, n'ayant respect de rien, si Leporello précisément ne constituait pas la partie de Don Juan qui représente la critique, la peur, c'est-à-dire la conscience du héros. Avec cette clé, nous pouvons maintenant comprendre pourquoi Leporello remplace son maître précisément dans toutes les situations pénibles, pourquoi il peut se permettre de le critiquer et de suppléer pour ainsi dire à la conscience qui

(1) Alexandre Arndt, dans son roman d'artistes *Ti et Tea* (paru en 1921), ne présente pas seulement sciemment son Moi sous forme de deux personnages indépendants, mais à plusieurs reprises il insiste sur la cohésion immanente de ces deux personnages contraires.

lui manque. D'un autre côté, nous comprenons aussi l'énormité de l'impiété de Don Juan par le fait que tous les éléments qui pourraient mettre un frein aux excès de sa personnalité sont éliminés.

Si nous considérons la pièce de ce point de vue, nous comprenons que Leporello non seulement remplace par endroits Don Juan, mais qu'il représente aussi la critique de ses actions et la peur de leurs conséquences, nous voulons dire la conscience du héros. Comme critique des actions, nous voyons dans la première partie du drame comment Leporello condamne la vie de débauche de son maître et avec quelle répugnance il le suit. A partir de la scène dans la maison de Donna Elvira (2e acte), où le maître et le valet sont en même temps menacés de mort, le sentiment de culpabilité se manifeste plus nettement pour devenir dans la scène du cimetière, et plus tard dans celle du festin, une horrible vision de spectres, portant son supplice de conscience jusqu'à un paroxysme insupportable auquel Don Juan finit par succomber.

Nous nous trouvons ici en présence de ce mécanisme du dédoublement du Moi que nous avons qualifié de représentation ou projection de la partie de notre personnalité étrangère ou contraire à notre Moi conscient. Ce qui caractérise le sujet de Don Juan et le rend presque unique en son genre, c'est le fait que, à l'encontre du héros antique, il ne rencontre pas le principe mauvais au-dehors, par exemple, sous la forme d'un monstre, mais bien en lui-même. Le principe mauvais s'incarne dans Don Juan. Nous pouvons même dire que Don Juan est une personnification du Diable.

Les scrupules de conscience, principes du bien, propres au héros, c'est Leporello, le double contraire de Juan, qui les personnifie.

Nous voyons de la sorte que Don Juan n'est pas un héros tragique mais bien une figure surhumaine qui, même dans son écroulement, ne connaît ni repentir, ni expiation.

3. Le héros et son Double

Nous avons donc vu que les grossiers avertissements, par lesquels Leporello exhorte Don Juan, constituent la voix de la conscience de Don Juan qui critique les actes de ce dernier, tandis que dans la lâcheté et dans la peur de Leporello se symbolise le sentiment de culpabilité du héros frivole. Mais dans la scène du cimetière, où l'action tragique atteint son point culminant et où l'effondrement de Don Juan commence, la conscience de Don Juan, qui jusqu'à présent était représentée d'une façon comique par la figure bonasse de Leporello, est maintenant symbolisée d'une façon tragique par le Commandeur assassiné et, de plus, bafoué par Don Juan. Cette gradation et cette accentuation de la voix de la conscience jusqu'à l'apparition terrifiante du Convive de pierre au milieu du festin est l'expression artistique d'un conflit dont la force augmente graduellement dans l'âme du héros. Il s'agit du conflit entre le Moi individuel qui n'admet aucun frein et le Moi social représenté par un père, un camarade, un domestique. Le Commandeur ne symbolise qu'en partie la signification sociale du père ; il est certain, d'autre part, que dans le personnage vivant de Leporello, un autre aspect du Moi social du héros est projeté.

Ce processus psychologique, qui, dans l'action de l'opéra, est condensé comme dans un rêve, se retrouve presque identique dans l'évolution historique du sujet. Dans le « Burlador », comme chez Molière et plus tard chez Zorilla, la voix de la conscience qui admoneste appartient directement au père, contre lequel Don Juan se comporte régulièrement de façon blessante. Chez les précurseurs immédiats de Molière, chez Dorimon et chez de Villiers, Don Juan se livre même à d'abominables voies de faits qui trouvent d'ailleurs leur expression dans le titre de la pièce (1). Chez Molière, comme plus tard chez Dumas père, il s'agit d'une discussion à propos d'un testament, au cours de laquelle Don Juan ne recule devant aucun crime, même pas devant le fratricide, pour entrer en possession de l'héritage paternel. Chez Holtei, qui a traité ce sujet après Mozart, Don Juan, après une discussion avec un ermite dans lequel il n'a pas reconnu son propre père, l'assassine. Même « la révélation qu'il est devenu un parricide fait si peu d'impression sur lui qu'immédiatement après cet horrible forfait il se moque de façon burlesque, dans la hutte même de l'assassiné, de la poltronnerie de Leporello. A la fin il lui administre une bonne raclée » (Heckel, p. 42). Il est à remarquer que dans quelques pièces du théâtre des Marionnettes, le héros poignarde son propre père qui revient comme spectre pour l'entraîner aux Enfers (2).

A côté du père c'est quelquefois, comme par exemple chez Lenau, le *frère* du héros envoyé par le père qui doit le ramener dans la bonne voie. Mais tandis que chez Lenau, et contrairement à ce que l'on trouve chez ses précurseurs, Don Juan s'abstient d'invectives et maintient le conflit à la hauteur d'une discussion philosophique entre deux conceptions différentes, il y a, dans la pièce de Dumas père (3) que nous avons déjà mentionnée, un duel entre les deux frères au cours duquel Don Juan tue son frère. Mais Don Juan meurt aussi, tué par l'ombre de Sandoval, probablement un Double de son frère, qu'il avait lui-même tué en duel. Mais ce Sandoval

(1) Dorimon, *Le festin de Pierre ou le fils criminel*. Lyon, 1659.

(2) Voir Kralik und Winter, *Deutsche Puppenspiele*, Wien, 1885, et les pièces jouées en Basse-Autriche et à Ulm : *Don Juan der Wilde oder das nächtliche Gericht* ou *Junker Hans vom Stein*.

(3) Alexandre Dumas, *Don Juan de Marana ou la chute d'un ange*, Bruxelles, 1836.

est aussi et probablement *le Double* du héros lui-même. Ils luttent d'émulation pour savoir lequel l'emporterait sur l'autre en scélératesse » (Heckel, p. 55). Ici le motif du Double se manifeste aussi par le fait que Sandoval abandonne sa maîtresse à Don Juan comme un enjeu dont il serait contraint de se séparer. Mais celle-ci se tue plutôt que de devenir la proie de Don Juan. Un Double analogue se trouve aussi chez Zorilla dans le personnage de Don Luis Meija. Avec celui-ci Don Juan a fait un pari pour savoir « lequel des deux a séduit le plus de femmes, tué le plus d'hommes en duel. Ils sont en mesure de se présenter des chiffres fantastiques » (cf. l'air de Leporello, *Mille et trois*, etc.). Ce motif est tout à fait caractéristique du genre qu'on pourrait appeler « fiction mensongère ». Nous étudierons ses rapports avec le sujet de Don Juan une autre fois.

Il existe une étroite relation psychologique entre le motif du Double et le problème de l'individu héroïque (voir l'étude du Double). Cela nous explique pourquoi Leporello, quelquefois comme véritable Double de son maître, le remplace, surtout quand il s'agit d'une femme (motif de l'Amphitryon). Dans un ouvrage tout à fait moderne de Carl Sternheim (1909), le héros s'adjoint un véritable Double qui le suit dans la mort pour remplacer Leporello qui, dans cette pièce, meurt avant Don Juan. En s'opposant comme un frein aux velléités du héros dont il empêche l'activité par son ironie démoniaque, ce Double se manifeste comme la conscience du héros pleine de critiques et d'ironie. Comme dans les nombreuses histoires où il est question de Double, la folie dont est atteint le héros finit par se concrétiser dans ce Double, ce qui est tout à fait conforme à la conception psychanalytique que nous venons d'exposer dans l'étude du Double.

Dans un sens psychologique analogue à celui où le Double est employé par les auteurs comme symbole de folie, se trouve aussi un autre motif qui a gardé la signification primitive du Double comme messager de mort : c'est la participation du héros vivant à ses propres funérailles. C'est Mérimée qui le premier a incorporé ce motif au sujet du Don Juan. Il s'est inspiré de la tradition d'après laquelle le chevalier Don Juan de Marana, après avoir vu ses propres funérailles, s'est converti à une vie pieuse (1) ; ce motif nous conduit à la fin horrible du héros qui dans toute la tradition de Don Juan est d'une importance capitale. Nous pouvons voir par là que Don Juan ne périt pas du fait des excès de sa vie voluptueuse, ni parce qu'il a outrepassé les bornes de la morale. C'est d'avoir surestimé sa propre valeur, d'individu libre sans égards pour les convenances, que périt Don Juan, bref, victime héroïque, qui s'est crue supérieure, non seulement à toutes les lois humaines, mais aussi à toutes les institutions divines (2).

(1) Mérimée a écrit *Les âmes du purgatoire* après qu'Alexandre Dumas père eut publié *Don Juan de Marana.* Zorilla a restitué l'histoire de Don Juan à l'Espagne en écrivant sa pièce, *Don Juan Tenorio*, où les deux traditions sévillanes sont fondues. Ce drame est resté le plus populaire de toutes les pièces espagnoles traitant de Don Juan et est actuellement joué dans presque tous les théâtres de l'Espagne pendant la première semaine de novembre.

(2) Cette opinion est défendue aussi par Georges Gendarme de Bévotte dans son ouvrage en deux volumes : *La Légende de Don Juan, son évolution dans la littérature des origines au romantisme* (Paris, 1906). « Le Don Juan n'est pas seulement, comme le croit le vulgaire, le chercheur d'amour, il est aussi le défenseur des lois naturelles et des droits individuels contre les lois humaines et religieuses. »

4. Le convive de pierre

Notre analyse psychologique nous a montré l'identité ou l'interdépendance psychologique des personnages de Don Juan et de Leporello. Nous croyons pouvoir reconnaître dans ce fait l'expression typique d'un procédé par lequel l'artiste crée le Moi idéal collectif par la projection des personnages. Il nous a été facile de donner une explication purement psychologique de ces deux personnages, parce qu'il s'agit des productions artistiques sorties toutes faites de l'imagination d'un poète. Il en est tout autrement du Convive de pierre. Nous avons bien pu le reconnaître comme un symbole de la conscience et du sentiment de culpabilité. Mais avec cette explication, la véritable signification et l'origine du Convive de pierre ne sont pas entièrement élucidées, car il s'agit d'une vieille tradition populaire où le premier poète et créateur du Don Juan a déjà trouvé ce personnage. Écoutons Heckel (p. 6) : « Déjà, dans l'antiquité classique, il est question de monuments de pierre qui exercent une vengeance. Des contes analogues se trouvent plus tard chez différents peuples. Ainsi la tradition populaire française, portugaise, flamande, danoise, allemande connaît l'histoire du crâne invité au repas. Une importance particulière s'attache au drame de Leontius, qui a été représenté au collège des Jésuites d'Ingolstadt en 1615, parce qu'une traduction en est très probablement arrivée entre les mains du poète du *Burlador*. Dans les Comédies de Lope de Vega, *Dineros son calidad* et *La fianza satisfecha,* nous trouvons des traits analogues. Dans toutes ces pièces, la partie la plus importante est la vengeance du mort bafoué. » Le fait que des allusions à l'histoire du Convive de pierre se retrouvent en sous-titre, et qu'elles remplissent même quelquefois le titre principal dans toutes les pièces traitant du Don Juan, nous montre bien son importance.

Que signifie ce motif de la vengeance du mort? L'idée que le mort vient prendre le vivant est aussi vieille que l'histoire de l'humanité. L'homme primitif la manifeste dans sa crainte des « Démons de la mort ». Dans l'art occidental, « La Mort » est représentée par le squelette. Dans *le Burlador,* l'idée que le mort emporte le vivant (cf. notre : « Que le Diable t'emporte ») est encore complètement conservée, car le Commandeur qui apparaît à Don Juan l'invite chez lui, dans sa chapelle funéraire, invitation à laquelle le chevalier sans peur se rend, mais dont il ne revient pas. Comme l'a très justement remarqué Kleinpaul (1), l'idée fondamentale de ce conte, simple au début, mais de plus en plus estompée, est que l'homme mort tue son assassin. Dans *le Burlador,* cette idée primitive est employée conformément à la tradition, mais d'une façon frivole : Don Juan promet fidélité à Aminta et jure qu'en cas de trahison un homme le tuera. Mais *in petto,* il chuchote : « Un homme mort, mais pas un homme vivant », croyant ainsi enlever toute valeur à son serment. Dans un certain nombre de pièces écrites ultérieurement, le Commandeur paraît seulement comme messager de mort annonçant à Don Juan sa fin pour le lendemain matin. Mais si l'on s'en tenait à cette signification primitive, la magnifique scène finale de l'opéra ne voudrait pas dire autre chose que le fait que la mort vient chercher Don Juan, c'est-à-dire qu'il va mourir, et qu'à cette heure suprême la conscience, toujours refoulée chez lui, s'éveille. Explication banale qui ne satisfait pas notre curiosité intellectuelle et qui n'explique pas la profonde action qu'exerce cette scène sur le spectateur, surtout si nous

(1) Kleinpaul, *Die Lebendigen und die Toten in Volksglauben, Religion und Sage,* Leipzig, 1898.

n'étudions pas le rapport que nous avons mentionné entre la crainte de la mort et le sentiment de culpabilité.

L'impression que fait cette forte scène sur le spectateur s'explique peut-être davantage par le fait que dans ce tableau où le mort vient chercher le vivant, s'éveille chez lui un des sentiments les plus anciens et les plus profonds de l'humanité. Après que Kleinpaul (*l. c.*) eut attiré l'attention il y a plus d'un quart de siècle sur la grande valeur, pour l'histoire de la civilisation, de cette croyance à un spectre corporel, croyance qui est en intime relation avec le cadavre et sa décomposition, Hans Naumann (1), sans aucunement se rapporter à son éminent prédécesseur, a démontré avec une documentation des plus riches que d'innombrables coutumes, rites et motifs découlent d'un préanimisme matérialisé. Lui aussi trouve que cette « conception matérialiste » est prouvée par le fait que l' « homme au début de sa mort ne perd pas du tout les qualités d'un corps vivant, comme le supposent ceux qui croient en l'existence de l'âme, quand elle se sépare du corps. Le mort quitte seulement la société de ceux qui vivent humainement pour celle où la vie est mystérieuse, supra-humaine, démoniaque » (p. 23). C'est seulement au début de la décomposition que le corps subit des changements manifestes, qui ont conduit à l'idée très répandue d'une *seconde mort* telle qu'on la retrouve à la période homérique avec sa croyance naïve en l'âme. Mais, même après cette deuxième mort, cette mort par décomposition, quelque chose survit encore qu'on rencontre aussi bien dans la conception grecque de l'âme que dans notre croyance populaire de l'homme à la faux. La peur de ce mort, qui matériellement ou immatériellement continue de vivre, crée des rites qu'il faut comprendre comme des mesures préventives contre son retour : « Position en chien de fusil, enlacement et enroulement des morts, mise dans des bières étroites en forme de caisses ou de huches qu'on couvre encore de masses énormes de pierres et de terre. Enfin, l'enfouissement souterrain des morts et autres procédés

(1) *Primitive Gemeinschaftskultur*, Iéna, 1922 (Culture primitive de la collectivité).

analogues doivent être considérés aujourd'hui avec grande probabilité comme des moyens par lesquels le vivant a voulu se garantir contre les morts. Le désir d'empêcher leur retour est la principale et peut-être la seule réponse à la question de savoir pour quelles causes le sentiment populaire réclame l'enterrement avec une telle énergie » (Naumann, p. 57).

Le hasard a mis sous nos yeux un article de M. Thiébault-Sisson sur « la mort et l'ensevelissement dans la préhistoire », paru dans *le Temps* du 30 juillet 1931. Cet article apporte une telle confirmation à ce que nous avons publié dans notre étude sur le personnage de Don Juan, parue dans *Imago*, t. VIII, 1922, et rappelé ici, que nous ne pouvons pas résister au plaisir de le réimprimer *in extenso*. M. Thiébault-Sisson écrit :

On a longtemps et passionnément discuté chez les préhistoriens la question de savoir si les morts, à l'époque quaternaire, étaient ensevelis ou si, comme dans certaines tribus indiennes d'Amérique du Nord, on laissait la chair des cadavres se dissoudre lentement sur des échafaudages élevés à proximité du campement. Les nombreuses fouilles pratiquées, depuis les premières années de ce siècle, tant en France que dans l'Europe centrale, ont permis d'affirmer que l'ensevelissement, dans les temps moustériens, était chose courante, et que des rites formels y présidaient. A Grimaldi, sur la Côte d'Azur, à la Ferrassie, aux Eyzies et dans les Charentes, on a retrouvé des squelettes ensevelis dans des fosses pratiquées à proximité de l'habitat des vivants. Ces squelettes étaient, pour la plupart, saupoudrés ou peints d'ocre rouge. L'ensevelissement n'avait donc lieu qu'une fois le corps entièrement décharné.

A quoi répondait cette coutume ? A ceci, très vraisemblablement, que pour ces âmes primitives, comme plus tard pour les Grecs anciens, la vie de l'homme se continuait, sous une forme différente, dans la tombe, et c'est pourquoi le squelette était généralement paré de ses bijoux, colliers, bracelets, etc.; c'est pourquoi encore on plaçait à ses côtés des armes et même des quartiers de viande destinés à le nourrir dans l'au-delà ; c'est pourquoi, enfin, pour soutenir son énergie vitale, on badigeonnait ses ossements d'un rouge couleur de sang.

Mais il semble aussi que, tout en rendant aux morts ces honneurs, les paléolithiques en avaient peur. Pour les empêcher de sortir de leur tombe et de tourmenter les vivants, on amoncelait sur leur dépouille des pierres. On avait même pris soin, auparavant, dans la plupart des cas, de les ligoter soigneusement. Les os des cuisses étaient ramenés sur la poitrine et les tibias rejoignaient les cuisses. Les bras étaient maintenus contre le tronc, et les ligaments qui maintenaient les membres étaient serrés avec une exceptionnelle vigueur. On s'imaginait ainsi mettre le mort dans l'incapacité absolue de faire le revenant.

Ces pratiques existent encore aujourd'hui chez certaines tribus primitives. Mais la peuplade des Thonga va plus loin. L'opération de la ligature se fait immédiatement après la mort, avant que la rigidité cadavérique se soit produite, ou même, par un excès de précaution, dès que l'agonie a commencé.

Dans quelle mesure les sorciers, dont l'existence nous est attestée par des peintures ou des gravures rupestres, participaient-ils à ces cérémonies ? C'est ce qu'il sera impossible de dire tant qu'on n'aura retrouvé ni peinture, ni sculpture, ni gravure représentant une scène de funérailles. Mais il est vraisemblable que, comme chez certains primitifs de nos jours, ils y étaient associés. De même que le prêtre, aujourd'hui, prononce sur la tombe des prières, de même les funérailles d'un chef, autrefois, devaient s'accompagner de lamentations proférées par les femmes, de chants et de danses du sorcier. Rien, à coup sûr, ne le prouve, mais l'homme a-t-il tant changé, depuis les temps quaternaires, qu'on puisse le mettre en doute ?

L'incinération du cadavre, apparue relativement tard, peut être considérée comme une conséquence logique des rites de défense. Son échec traduit de la façon la plus nette la ténacité avec laquelle la croyance animiste est ancrée dans l'âme humaine.

Comme cela se rencontre souvent dans l'histoire des idées scientifiques, ici encore l'accentuation de ce qui avait été négligé au début semble avoir conduit à un autre extrême. En effet, quand Naumann s'élève avec raison contre la tendance excessive que l'on a eue à tout vouloir expliquer par l'animisme, et qu'il s'appuie pour les explications sur les premières manifestations sensibles du monde corporel, il néglige, lui aussi, l'élément psychologique qui découle, en dernière analyse, de l'animisme primitif. Ainsi toute croyance en un mort continuant sa vie corporelle, croyance qui repose uniquement sur la *crainte* de la mort, reste psychologiquement inexpliquée. Ici, évidemment, l'auteur ne connaît pas les données psychologiques que Freud a développées pour l'explication de la démonologie ; car c'est seulement par le sentiment de culpabilité que nous pouvons comprendre chez l'homme les manifestations du culte des morts. C'est par ce sentiment de culpabilité qu'il voit sa propre mort comme une vengeance, c'est-à-dire qu'il est amené à considérer même la mort naturelle, qui, du reste, dans les temps primitifs, a rarement dû être naturelle, comme une punition. Mais cela laisse supposer que le mort a été considéré comme un assassiné qui veut venger sa mort... conception qui indique nettement la survivance d'un état primitif.

Si donc la mort d'un homme est considérée chez de nombreuses peuplades comme un acte de vengeance, l'homme pourra, après son passage par la mort, obtenir par des moyens démoniaques ce qu'il ne peut pas obtenir de son vivant par des moyens naturels. Dans les contes hindous, cette transformation de l'homme en Démon par le truchement de la mort est, d'après Naumann (p. 51), nettement visible. « L'ascète est mort avec l'intention de se venger cruellement et il est devenu Rakschasa », c'est-à-dire démon, vampire, dragon. D'autres fois on se suicide pour pouvoir mettre à exécution certaines menaces, motif magique qui dans la psychologie du suicide joue un rôle qu'il ne faut pas sous-estimer (1).

A cette crainte des Démons, issue du sentiment de culpabilité, s'ajoute encore un autre trait de ces morts dangereux, qui, jusqu'à présent, n'a pas été compris. Il nous permet de reconstituer une nouvelle partie de l'histoire de l'humanité primitive qui nous permettra de comprendre le thème du mort vengeur tel qu'il paraît dans le poème de Don Juan. Il s'agit d'une croyance illustrée par de nombreux exemples comme nous en rapportent aussi bien Kleinpaul que Naumann, d'après laquelle le mort devenu Démon *dévore* les vivants qui ont le malheur d'être captés par lui. Chez Naumann, on trouve un grand nombre de ces exemples pris à différents peuples, exemples qu'il semble ne pas avoir compris et qu'il laisse en tout cas sans explication. « Si un combattant Fidji mort, succombe dans sa lutte avec le Samu, ce monstre le fait bouillir et le mange.

(1) D'après une croyance populaire aux Indes, des désirs prononcés immédiatement avant le suicide se réalisent. Voir : *Indische Märchen*, édités par J. Hertel, Iéna, 1921.

Ainsi tous deux, le Démon et le combattant, sont représentés d'une façon tout à fait matérialiste : car autrement, faire bouillir une âme et l'avaler n'en vaudrait pas la peine. Il s'agit chez le Samu d'un mangeur de cadavres, comme nous en rencontrons chez les différents peuples du Nord, chez les Chinois et très probablement ailleurs aussi » (p. 29). Chez les Chinois, le profanateur de tombes qui entrouvre un peu les cercueils généralement très lourds, est attiré par le mort, déchiré et croqué. De cette croyance proviennent certains rites mortuaires parmi lesquels on retrouve aussi celui qui consiste à munir le défunt de victuailles pour son voyage futur dans l'au-delà : « Ainsi, dans le Nord, les cadavres dévorent les faucons, les chiens et les chevaux qu'on leur a donnés » (p. 55). « La bouche du cadavre ne doit pas rester ouverte parce qu'autrement le mort ne trouve pas de repos dans la tombe et il se transforme en rongeur. Des bouts de vêtements ne doivent pas approcher de sa bouche pour qu'il ne risque pas de se transformer en rongeur » (p. 41). Ces mangeurs chinois et nordiques dans leur cercueil et dans leur tombe rappellent très exactement les rongeurs, suceurs de sang et vampires des croyances germaniques et slaves. La croyance dans les vampires repose tout à fait sur des conceptions préanimistes. Des cadavres de belle couleur avec un œil gauche ouvert restent vivants dans la tombe, en sortent pendant la nuit pour sucer le sang de leurs victimes et en peu de temps faire le tour de toute la famille, voire même de tout le village. Cette croyance se ranime encore davantage aux périodes d'épidémies graves. Partout où on a déterré des rongeurs on les a trouvés baignant dans du sang, déchiquetés, griffés. Il y a eu probablement lutte avec la victime. Cette lutte était présentée sous une forme très matérialiste. La première victime de l'épidémie est devenue vampire. Elle est assise dans sa tombe et ronge son suaire. Pendant tout le temps qu'il lui faudra pour en venir à bout, l'épidémie continuera. On déterre ces rongeurs, on leur écrase la tête avec des pelles pendant qu'ils poussent des cris stridents comme des gorets.

Kleinpaul fait au moins un essai pour expliquer cette étrange disposition qu'on attribue aux morts. Quoique tout à fait rationaliste, cette explication nous conduit à la conclusion que dans une croyance de ce genre le cannibalisme joue un grand rôle. Dans les temps primitifs, la principale nourriture de l'homme a dû être l'homme. De cette ancienne coutume survivent aujourd'hui encore de nombreuses traces, dont entre autres le conte du loup-garou (p. 122). Kleinpaul, s'appuyant sur des découvertes préhistoriques, et ethnologiques, ose même affirmer que la consommation des morts a été la forme la plus ancienne et la plus répandue des funérailles humaines. Encore faut-il remarquer que chez beaucoup de peuplades et même chez des animaux très développés, existait l'habitude de manger leurs parents eux-mêmes et d'en enterrer ensuite les os. Depuis, W. M. Flinders Petrie a trouvé dans des sépultures rupestres de l'Égypte datant du IVe millénaire (1) avant le Christ, soit dans des cercueils, soit dans de simples suaires, des os humains soigneusement assemblés qui laissent deviner un dépeçage presque artistique du corps humain. Il est enclin à croire que les anciens Égyptiens aussi ont cultivé ce rite qu'on appelle l'endocannibalisme (*l. c.*, p. 63).

Quand cette façon de se débarrasser des morts a paru trop répugnante, on a abandonné aux *animaux* cet héritage de l'humanité primitive et on a créé ainsi un tabou qui a augmenté l'abîme entre l'homme et les animaux qui lui sont parents. En Égypte, c'était probablement le vautour qui jouait un grand rôle dans cet ordre d'idées à cette époque de la culture. Dans d'autres pays, c'étaient les chiens et les autres carnassiers de la race canine (chacals, loups, hyènes). L'habitude d'abandonner les morts comme nourriture à certains animaux s'est maintenue jusqu'à ce jour encore chez quelques peuplades. Les Parsis, descendant des vieux Perses, portent leurs morts « dans les tours

(1) Combien insignifiantes sont de telles dates historiques quand on songe aux découvertes des squelettes qui attestent que le cannibalisme existait en Europe préhistorique. Citons comme exemple ce que Otto Hauser (*Urmensch und Wilder*, Homme primitif et sauvage, Berlin, 1821) raconte sur les découvertes faites à Krapina (Croatie) et dont il conclut que l'anthropophagie sévissait partout en Europe il y a 40 000 ans (*l. c.*, p. 56).

de silence », où d'après d'anciens préceptes de l'Avesta ils sont exposés aux oiseaux de proie qui les dévorent. Kleinpaul prouve de façon convaincante que chez les anciens Perses c'était le chien qui, d'après le cérémonial funèbre, devait dévorer le cadavre. Dans le cérémonial actuel, il doit se contenter d'un rôle muet (1). Le Parsi meurt sous les yeux d'un chien qui est introduit dans la chambre mortuaire pour frapper de son regard l'esprit qui s'envole. « Pour attirer le regard du chien sur le moribond, un pain est coupé en quatre morceaux qui sont jetés dans la direction du lit. Les savants de l'Occident pensent ici au gâteau de miel, la Mélitouta qui, dans un temps, en Grèce, était posé auprès du cadavre pour que Cerbère s'en repaisse... Cette cérémonie s'appelle *Saegdid,* ce qui veut dire *Saeg* = chien, *did* = il a vu. C'est comme un visa de l'animal sacré » (p. 59). Cette cérémonie est répétée avant l'exposition du cadavre dans la tour et c'est seulement quand le chien a vu une deuxième fois la face du mort que celui-ci est abandonné aux rapaces. Au début, c'était le chien lui-même qui devait manger le cadavre, comme Cerbère qui permet l'entrée mais défend la sortie, un véritable garde comme on peut le lire dans le passage connu de la *Théogonie* (vers 769 et suiv.). Quand les morts viennent, Cerbère agite sa queue et ses oreilles, mais il ne les laisse plus jamais sortir et il saisit et dévore celui qui veut s'évader.

Kleinpaul considère avec justesse ce chien comme une bête qui se nourrit de cadavres et que l'on relègue aux Enfers quand son office terrestre a trop révolté les mœurs. Il le met en parallèle avec le vautour (2) que les Grecs ont également banni aux Enfers où il mange le foie du géant Tityus, peine infernale que doit subir également Prométhée pour avoir volé le feu du Ciel. « Les horreurs de l'enfer dérivent toutes des rites funéraires des hommes » (Klein-

(1) Hérodote raconte que chez les Perses aucun cadavre n'est enterré avant qu'un chien ou un oiseau ne s'en repaisse.

(2) Dans le livre d'Erich Kuster (*Die Schlange in der griechischen Kunst und Religion*, Giessen 1913, p. 90, note 2), nous pénétrons plus profondément dans les conceptions préhistoriques. Kuster établit un parallèle, voire même l'identité, entre le chien de l'Enfer et le serpent de l'Enfer dévorant les hommes.

paul, p. 88). Ainsi est né également l'Enfer chrétien. On a réuni les bûchers isolés en un grand fleuve de feu qui coupe la route du retour et entoure la prison des âmes condamnées à supporter éternellement des peines infernales.

Les peuples primitifs chez lesquels la mythologie ne s'est pas aussi richement développée ont encore gardé aujourd'hui les habitudes des stades primitifs pour se débarrasser de leurs morts. Ainsi les Mongols qui habitent le désert de Gobi croient, d'après des renseignements récents rapportés par Herman Consten, qui a voyagé en Asie, à une résurrection dont ils veulent faire bénéficier leurs morts aussi rapidement que possible. Mais les méthodes qu'ils emploient pour cela nous paraissent au contraire comme un moyen efficace d'empêcher toute possibilité de résurrection. D'habitude le cadavre est offert aux chiens pour qu'ils le dévorent. Près des grands lacs, on le jette à l'eau pour que les poissons le mangent, sur des hauteurs on l'expose soit sur des poutres, soit sur le roc nu pour que les vautours y trouvent leur proie. De la description que Consten fait des funérailles d'un lama réputé, auxquelles il a eu occasion d'assister, nous mentionnerons particulièrement la musique faite avec des tambours et des trompettes. Les caisses des tambours sont tendues de peau humaine sur laquelle pendent des vertèbres et d'autres os humains qui, par les secousses que reçoit la peau de la caisse, se mettent à vibrer : les trompettes sont faites avec les os les plus longs du squelette humain. En étudiant de plus près cette question, nous serions amenés à étudier la fonction primitive de la « musique » à l'occasion des cérémonies funèbres (1).

Mais nos coutumes funéraires qui appartiennent à une civilisation très avancée ne sont pas plus éloignées des

(1) Ici nous rappelons seulement ce que la légende biblique nous rapporte sur l'invention de la lyre. Lamek, qui est un descendant direct d'Adam, fut le premier à jouer sur une lyre. Ce Lamek avait un fils qu'il aimait tendrement. Après la mort de son enfant il suspendit son corps à un arbre. Les articulations s'ouvrirent et seule une cuisse avec la jambe, le pied et les orteils restèrent ensemble. Lamek prit un morceau de bois qu'il sculpta en lui donnant la forme de cette partie du squelette restée intacte. Ainsi il fit une lyre sur laquelle il chantait sa tristesse. De ce Lamek naquit une famille de musiciens. Son fils Tubal inventa le tambour, sa fille Julal, la harpe.

formes primitives que nous-mêmes de ceux qui les ont pratiquées. Non seulement le fait que nous laissons manger nos morts par les vers, que Kleinpaul met sur le même plan que les autres animaux nécrophages (p. 73), mais le tombeau lui-même destiné à empêcher les animaux de dévorer le cadavre en totalité et dont l'invention est étroitement liée aux croyances primitives touchant la nature de l'âme, a fini par être considéré comme le symbole de l'animal nécrophage lui-même, car notre mot cercueil dérive du mot grec *sarx*, que nous retrouvons encore plus nettement dans le mot sarcophage qui, textuellement, veut dire dévoreur de chair (Kleinpaul, *l. c.*, p. 70 et suiv.). Les Grecs eux-mêmes, il est vrai, ainsi que Pline nous le transmet, ont cru que l'action caustique de la pierre infernale, dont on se servait beaucoup pour la fabrication des cercueils, était la cause de cette action dévorante des sarcophages. Mais d'après Kleinpaul, il est évident que cette étymologie est venue secondairement remplacer l'incompréhension de l'action décomposante de la tombe (p. 77). Le sarcophage, comme symbole de la gueule de l'Enfer dévorant les hommes, se trouve dans *Hamlet* (acte I, scène IV) :

Why the sepulchre,
Wherein we saw thee quietly in-urn'd,
Hath op'd his ponderous and marble jaws
To cast thee up again!

« Pourquoi la sépulture, dont nous avons fait l'urne où t'enclore en silence, a largement ouvert ses pesantes mâchoires de marbres et t'a vomi. »

Il est très probable aussi que dans le Convive de pierre nous devons voir également une personnification du tombeau mangeur de cadavres. La rigidité, la froideur, la lourdeur du cadavre peuvent, d'après Naumann, donner à une imagination sans bornes l'idée que la pétrification dans les contes et dans la légende est une périphrase d'inspiration préanimiste employée pour signifier la mort (*l. c.*, p. 42). Si nous nous demandons sur quelle base psychologique s'est constituée une telle conception, nous y trouvons de nouveau le thème de la culpabilité et du châtiment. La pierre à côté du mort représente la tombe qui dévorera un jour chacun de nous ; peut-être faut-il voir aussi dans cette pierre sur les tombes un reste de la façon primitive dont on a tué son ennemi dans les temps anciens. G. Róheim donne cette explication en y ajoutant la remarque que la pierre a été l'arme dont se servait l'homme primitif pour tuer à distance, et elle devait en même temps, par son poids, empêcher la résurrection de l'assassiné (1). Certains rites funéraires, qu'on qualifie de « lapidation des esprits nuisibles » et qui sont en usage surtout à La Mecque, ont le même sens (Kleinpaul, p. 64) ; mais le Mort peut prendre sa revanche, comme par exemple dans un conte chinois où le cadavre vivant sort de sa tombe et comme un espiègle jette des pierres aux vivants.

Pour mieux comprendre le personnage du Convive de pierre, nous mentionnerons aussi certaines traditions sur les Démons mortuaires où il est question *d'invitation.* Une variété de l'homme de pierre est l'homme de fer ou l'homme à demi en fer. Dans un recueil de *Contes des Balkans* (2) on rencontre un démon, un homme dont une moitié est en fer, qui mange les hommes. Il flaire la chair de l'homme et suce le sang du survenant. Le loup à la tête de fer, figurant dans les *Contes des Balkans* sous le nº 63, est un démon dangereux. Il s'agit d'un Double anthropophage, qui, *conformément à sa promesse,* vient chercher le fiancé le jour de son mariage. — Le derviche anthropophage en fer que nous rencontrons dans les contes de la Grèce moderne (3) est un parallèle

(1) Dans une conférence faite à la Société psychanalytique de Budapest, le 8 octobre 1921, sous le titre *Steinheiligtum und Grab* (Pierre sacrée et tombe), Roheim dit que la lapidation dans les rites religieux est un reste des anciennes luttes des hommes. La pierre jetée était l'arme appropriée entre les mains d'une masse pour supprimer un individu plus fort dont la proximité inspirait de la crainte (*Internationale Zeitsch. fur Ps. A.*, t. VII, p. 523, 1921). L'amoncellement de pierres sur le cadavre des criminels justiciés a gardé dans les coutumes juives la signification de châtiment. Cf. Georg Beer (*Steinverehrung bei den Israeliten*, Berlin, 1921).

(2) *Märchen aus dem Balkan*, édités par Leskin, Iéna, 1925.

(3) *Neugriechische Märchen*, édités par Kretschmer, Iéna, 1917, nº 60.

encore plus exact. Sous la forme la plus nette ce motif de l'invitation se présente dans un conte d'Islande intitulé *Le fiancé et le spectre* ; ici le Démon, un homme formidablement grand, paraît *le jour du mariage* auquel, il y a cinq ans, le jeune fossoyeur l'a étourdiment invité quand, en creusant une tombe, il a par hasard soulevé un long fémur (1) (cf. : la scène du cimetière dans *Hamlet* (2)).

Dans la conception primitive du poème de Don Juan, c'est aussi la mort qui empêche le mariage du héros. La veille du mariage, Don Juan se rend dans la chapelle funéraire conformément à l'invitation de son hôte de pierre, mais il n'en revient plus. Dans ce thème, nous voyons un parallèle très net avec l'histoire très connue de la légende biblique racontée dans le *Livre de Tobie,* où le mauvais esprit Asmodée tue dans leur première nuit de noces tous les maris de la fiancée avide de mariage, jusqu'à ce qu'enfin Tobie envoyé par Dieu rompe le charme. Dans ce motif nous reconnaissons les éléments de l'ancienne croyance à l'âme, dont l'intervention du Diable est un trait caractéristique. Nous verrons, dans un chapitre ultérieur, comment la tradition de Don Juan est pénétrée de cette croyance.

(1) Naumann, p. 44.

(2) A peu près comme Don Juan pendant le festin, Hamlet fait aussi de la philosophie : « Où est Polonius? » « A souper, répond Hamlet. Non point à un souper où il mange, mais à un souper où il est mangé. Une certaine assemblée de vers politiques est après lui. Il n'est que le ver pour faire chère de roi. Nous engraissons tous les autres êtres pour nous en engraisser et nous nous en engraissons pour messieurs les vers. Roi gras et gueux maigre ne font que deux plats différents, deux services destinés à une seule et même table. Et voilà toute l'histoire. »

(*Where is Polonius ? — At supper. Not where he eats, but where he is eaten: We fat all creatures else to fat us, and we fat ourselves for maggots. Your fat king and your lean beggar is but variable service. Two dishes, but to one table : that's the end.*

Dans la légende d'Hamlet, le motif est conservé dans sa forme originale. Le héros tue Polonius qui a épié la conversation d'Hamlet avec sa mère, le coupe en morceaux et jette les morceaux aux porcs Cf. chapitre suivant : le motif du dépeçage.)

5. La crainte primordiale du talion

Nous reconnaissons donc dans le Convive de pierre le Démon qui mange les cadavres et qui, en dernier lieu, reste vainqueur du héros qui a lancé un défi à la Mort. Il nous reste à étudier la question de savoir quel rapport a cette conception avec le véritable thème de Don Juan, le grand séducteur de femmes. Le Démon mortuaire, sorti de la tombe pour dévorer le coupable, n'est rien d'autre que la personnification de la conscience dont la notion remontant aux époques les plus reculées se laisse facilement reconnaître. La peur de la réapparition du mort et de sa vengeance spéciale, c'est-à-dire la peur d'être dévoré par lui, que les différentes coutumes d'ensevelissement étaient destinées à calmer, s'explique simplement comme la crainte de la mort et de la décomposition. L'homme est réellement dévoré « dans la mort », c'est-à-dire que conformément à la conception primitive il est dévoré par la mort. Pour éviter ce sort affreux ou pour le diminuer autant que possible, il mange le cadavre ou le donne à manger. Cette conception, horrible pour notre sentimentalité moderne, trouve sa confirmation non seulement dans le cannibalisme, mais aussi dans une foule de traditions ethnologiques. Ainsi Hérodote (III, 38) raconte des Kalatiens, un peuple des Indes, qu'ils mangent leur père, et des Massagètes (I, 216) qu'ils tuent les vieillards qui ne se décident pas à mourir. Ils ajoutent à la chair du vieillard celle de beaucoup d'autres animaux qu'ils font bouillir et se préparent ainsi un repas qui constitue pour eux les plus grandes délices (1). On peut essayer de faire comprendre ces mœurs en rappelant qu'elles sont basées sur des superstitions profondément ancrées dans la nature humaine et qu'elles se continuent encore dans la religion (2).

L'homme primitif absorbe certains organes de l'animal pour s'incorporer leurs vertus (3). Il croit s'approprier l'âme de l'ennemi en mangeant certaines parties de son corps. D'un autre côté la peur que l'assassiné ne revienne pour venger sa mort est paralysée aussi efficacement que possible du fait de sa destruction radicale. L'homme croit obtenir cette complète annihilation de son ennemi en le dévorant. Il symbolise ainsi sa complète identification avec lui. Mais ce résultat espéré il ne l'obtient pas. Bien au contraire, son sentiment de culpabilité que rien ne peut calmer le ramène toujours à l'idée de la mort. Par le rite funéraire primitif qui ordonne de manger le défunt, l'homme obtient une rapide quoique incomplète disparition du cadavre. Il crée et entretient un sentiment constant de culpabilité. Pour s'en débarrasser, l'homme cherche dans les mythes et les traditions religieuses des soulagements et des justifications nouvelles. Mais il ne trouve pas la tranquillité complète, même pas par l'incinération qui est cependant la forme la plus parfaite et

(1) Encore aujourd'hui, chez beaucoup de peuplades, la coutume s'est conservée de se débarrasser des vieillards. Chez les Esquimaux et chez les habitants du Groenland, le fils tue par la pendaison son père devenu vieux et inutile. Chez les Chiappavaers (Amérique du Nord), le père de famille est exposé. L'obligation qu'a le fils, chez beaucoup de peuplades, de tuer son père débile est probablement une rationalisation ultérieure de l'antique croyance à l'âme.

(2) Julian Hirsch, dans la *Zeitschrift für Psychologie* (t. LXXXVIII, nº 6, mars 1922), étudie cette idiosyncrasie du point de vue psychologique.

(3) Cet usage ne se trouve pas seulement chez les peuples primitifs, mais vit sous des formes variées à travers toute l'évolution de l'humanité jusqu'à nos jours. Depuis Brown-Séquard, cet usage se trouve en médecine sous le nom d'opothérapie.

Cf. aussi l'ouvrage fondamental de Hoefler, *Die volksmedizinische Organotherapie und ihr Verhältnis zum Kultopfer* ; de même que le grand ouvrage de Hovorka et Kronfeld, *Vergleichende Volksmedizin* (2 vol., Stuttgart, 1908).

la plus pure pour se débarrasser du cadavre, car le sentiment éternellement vivace de culpabilité admet bien que la flamme consume le corps, mais par ce procédé matériel de purification s'échappe aussi l'âme libérée qui, ennemie invisible dans la superstition animiste, continue à vivre en troublant la conscience de l'ennemi.

Dès les premières phases de cette ancienne lutte contre la conscience matérialisée sont nés de nombreux mythes grecs dans lesquels le motif du *dépeçage* paraît lié à celui de la mort ou de l'anthropophagie, ou le remplace pour en atténuer l'impression. Nous avons déjà traité des mythes de Pélops, Atrée et Thyeste, d'Harpagos, etc., à l'occasion d'une autre publication (1). Ici nous nous contentons de faire remarquer qu'il s'agit régulièrement d'enfants qui sont offerts au père comme nourriture. La cosmologie grecque situe dans une préhistoire très éloignée la tradition d'après laquelle Kronos a dévoré ses propres enfants et a été émasculé par son fils le plus jeune. Cet éloignement dans le temps devait dans une certaine mesure diminuer la férocité du mythe (2). Le mythe de Kronos se reconnaît comme une adaptation du mythe égyptien encore plus primitif d'Osiris. Dans ce mythe, Osiris, qui reçoit les faveurs sexuelles de sa sœur, est tué par son frère aidé d'un certain nombre d'amis (14, ou 26, ou 72). Celui-ci partage le cadavre d'après le nombre de ses amis, ce qui laisse supposer que les morceaux sont destinés à être mangés. Diodore raconte (ch. XXI) que l'assassin, pour diminuer sa propre culpabilité, a donné à chacun des conjurés une partie du corps d'Osiris, mais personne ne voulait prendre le phallus, évidemment parce qu'il désignait le principal coupable. Étant un morceau tout spécial, le phallus a

(1) Voir : *Das Inzestmotiv in Dichtung und Sage*, chap. IX, 2e éd., 1926. On y trouvera des renseignements concernant encore d'autres thèmes mythologiques.

(2) D'après une remarque de Naumann (p. 70), le mythe du dévoreur d'enfants trouve encore dans la tradition de Jésus un représentant en la personne d'Hérode. On en retrouve un autre représentant aussi en Ugolin, dont Dante nous raconte l'histoire dans le 33e chant de l'Enfer. Gerstenberg a fait d'Ugolin le sujet d'une tragédie dans laquelle il nous montre le père, condamné à la mort par inanition, dévorant les cadavres de ses enfants.

aussi un sort spécial : il disparaît. On dit qu'un poisson l'a avalé. Plus tard les autres morceaux, comme cela arrive si souvent dans les contes, se sont reconstitués pour reformer le corps ; ainsi s'exprime, dans le mythe, le sentiment de culpabilité, sous le déguisement d'un désir réalisé. Nous devons peut-être voir dans cette réaction contre le dépeçage primitif l'expression mythique d'un progrès de la civilisation qui conduit les Égyptiens à ne plus manger leurs cadavres, mais au contraire à les embaumer d'après un rite de piété qui devait sauvegarder le cadavre même des « dévorants » chimiques, pour sauver l'âme immortelle.

La pluralité des complices qui, dans le mythe d'Osiris, prennent part au crime, en constituent un des traits les plus anciens. Plus tard, dans les mythes des héros, les complices ont disparu. Ils sont remplacés par la *supériorité d'un seul*, le plus jeune, qui dans les contes de nos jours se présente aussi sous les traits d'un héros fanfaron. La comparaison entre le mythe égyptien d'Osiris et le mythe grec de Kronos nous montre comment une tradition des temps les plus anciens s'est transformée en une légende de héros ; encore faut-il se dire que même le récit égyptien ne reproduit probablement pas sans changement le mythe originel. Dans le mythe égyptien, le frère victorieux est combattu par la horde, par jalousie sexuelle. Il est dépecé et, comme on peut le supposer, dévoré, mais la tradition dit que seul le phallus a été dévoré. Dans le mythe grec, le père-dieu est surpris pendant l'acte sexuel. Il est châtré, et son phallus jeté à l'eau avec cette explication tout à fait intéressante : « *Il était le premier à s'adonner à un acte aussi honteux* » (Hésiode). Ceci se rapporte au fait que le père voit le danger que représentent ses fils et essaye de les empêcher de naître ou les *dévore* sitôt après leur naissance. Ici la culpabilité et le sentiment de la culpabilité nous apparaissent dans un enchaînement ininterrompu, sans que nous puissions séparer la cause de l'effet. Le fils tue le père parce que celui-ci le menace, mais craint que ses propres enfants ne lui fassent subir le même sort. La tradition nous a transmis un type de héros chargé d'immortaliser ce thème, et ce héros que l'on retrouve dans de nombreux contes est le fameux Ogre des contes de fées.

Seule la croyance à l'immortalité de l'âme explique cet enchaînement de sanctions ; car d'après cette croyance, le père peut garder l'immortalité de sa personne par le fait d'avoir dévoré ses propres enfants au lieu qu'il ait à se contenter d'une survie génésique dans ses fils. On trouve ces contes aussi bien chez les peuples primitifs que chez les peuples civilisés. Le plus populaire de ces contes est celui du petit Poucet. Dans la version populaire, petit Poucet et ses frères sont abandonnés par leurs parents. Le soir, ils arrivent dans la maison de l'Ogre située dans une forêt épaisse. L'Ogre est absent, mais sa femme compatissante les cache. Quand l'Ogre rentre il s'écrie : « Cela sent la chair humaine. » A grand-peine la femme obtient pour ses protégés un répit jusqu'au lendemain matin, mais la nuit l'Ogre pénètre dans la chambre où les fugitifs sont couchés et veut leur couper le cou. Par une ruse du petit Poucet, l'Ogre est trompé et tue ses sept filles. Le petit Poucet et ses frères peuvent s'enfuir non sans que petit Poucet emporte les bottes de sept lieues de l'Ogre. Ce dernier trait correspond évidemment à l'identification de Poucet avec l'Ogre lui-même. Si dans cette version nous voyons déjà un début de transformation où le plus jeune émerge du groupe de ses frères, nous rencontrons habituellement dans les contes, à partir de ce moment, un seul héros qui est caché et sauvé par la femme, de la même façon que le phallus par Isis l'épouse dévouée. Comme il s'agit de symboliser un motif sexuel, l'imagination ne recule pas devant ce que peut avoir de honteux le rôle d'un héros qui est obligé de se faufiler, de se faire cacher par une femme et d'avoir recours à la ruse. Quant à la femme, nous aurons encore occasion d'en parler.

En ce qui concerne l'origine et le rôle de l'Ogre, il est très vraisemblable, comme le croit Naumann, à la suite de Schoning, que l'Ogre doit être considéré comme le Démon mortuaire auquel la peur prête des dimensions gigantesques. Mais il représente certainement aussi, en tant qu'être vivant, le père qui est toujours quelque chose de formidable pour l'imagination de l'enfant. Dans les deux cas il est représenté comme un être dangereux, avec cette différence que le Démon mortuaire qui dévore les vivants paraît au primitif, du fait de son sentiment de culpabilité, comme le personnage chargé de punir son instinct cannibale, tandis que dans la métamorphose héroïque du sujet, la cruauté du géant et le danger qu'il crée font de son assassinat un acte héroïque.

En étudiant chez les peuples sauvages les traditions touchant ces contes bâtis autour du motif central de l'Ogre, que Frobenius a réunis, nous pouvons encore davantage nous rendre compte de leur signification et surtout du rôle qu'y joue la femme (1). Quant à la femme, son rôle d'aide souvent immotivé s'explique du fait qu'elle est l'épouse ou la sœur du héros (comme par exemple, dans la Walkyrie, Siegmund et Sieglinde) et qu'elle a été enlevée par le géant qui la garde maintenant comme femme. Le héros est parti pour l'arracher au pouvoir du monstre et justifie ainsi la légalité de son acte (comme par exemple chez les Mongols du Thibet au IVe chapitre du *Bogda Gesser Chan*). On arrive à faire mourir le géant, d'après Frobenius, soit en le poussant à avaler une pierre de feu (comme par exemple dans le mythe de Kronos et dans celui du Chaperon rouge), soit qu'il soit transformé en pierre (Le Convive de pierre), ou qu'il soit dépecé (motif de l'âme). Frobenius définit ce type d'Ogre, auquel il rattache aussi le conte indo-européen de Polyphème, de la façon suivante : les Ogres sont censés vivre à une certaine période de la genèse du monde. Ils sont antérieurs à la création des dieux et vivent dans des cavernes. Ils paraissent parfois en groupes, même quand le héros n'a à combattre qu'*un seul d'entre eux*. Il n'y a toujours qu'*une seule femme*. Généralement elle n'appartient pas à la race qui dévore les hommes, elle aide le héros qui a cherché refuge dans 'a caverne, quelquefois même elle l'aide à tuer l'Ogre. Cette « vieille bonne femme », comme Frobenius l'appelle, est parfois

(1) *Das Zeitalter des Sonnengottes*, I, Berlin 1904 (L'âge du dieu du soleil).

la mère du héros (comme par exemple en Laponie). Le héros l'enlève dans sa jeunesse pendant qu'elle est encore vierge, et il l'épouse.

Il n'est pas probable que ce rôle de la femme ait été celui qu'elle avait originellement dans les mythes. Le désir (1) a été cause d'une modification dans la structure imaginaire du conte. Il donne au héros dès le début, comme associé et partenaire, l'objet sexuel lui-même qu'il ne devrait conquérir qu'après la suppression de son propriétaire. Il est très probable que dans le conte primitif la femme doit être vaincue en même temps que son possesseur jaloux et qu'après sa mort elle préfère garder la liberté ainsi acquise. Ainsi s'explique qu'il existe encore de rares traditions où celle qui, dans les mythes des héros, prête son concours au héros, paraît prendre le parti du géant, c'est-à-dire est également cannibale et appelle son mari. C'est surtout chez les peuplades germaniques, chez les Italiens, chez les Africains du Nord et du Sud, que d'après Frobenius (p. 382) la femme est cannibale, tandis que partout à l'Est seul l'homme est anthropophage. Dans les pays d'Occident, le sexe du cannibale varie. Cette méchante vieille se trouve encore comme « aïeule du Diable » chez les Allemands, sous la dénomination de *Rabenmutter* (marâtre) et dans beaucoup de contes nous la rencontrons comme sorcière ou mégère. Mais comment la femme a-t-elle pris ce rôle hostile ?

(1) Cf. Freud, *Massenpsychologie und Ichanalyse*, 1921, Appendice B. Traduc. franç. *Psychologie collective et analyse du moi*, in *Essais de psychanalyse* (Payot).

6. Le héros non idéalisé

Nous sommes en apparence très loin du séducteur populaire typique et de ses scrupules de conscience personnifiés dans le Convive de pierre, et il nous faut maintenant revenir à l'étude de l'évolution de ce type héroïque dont le personnage de Don Juan est pour nous la dernière manifestation. D'un ironiste aussi téméraire qui renie conscience, sentiment de culpabilité, crainte de la mort, avec un cynisme qui dépasse en violence le courage des héros, qui se dissimule à lui-même l'horreur de la vengeance à craindre de la part du Démon mangeur de cadavres, en invitant à un joyeux festin un hôte généralement peu désiré, nous acceptons sans discuter qu'il fasse étalage de toutes les tendances d'un égoïsme primitif, qui habituellement, par l'idéalisation du héros, sont cachées ou embellies. Cette sorte de projection de la conscience qui critique et juge dans le comparse Leporello et se venge dans le Commandeur, permet à notre héros d'avouer ses tendances primitives, sans essayer de les poétiser, et d'admettre qu'il a assassiné uniquement dans le but de satisfaire ses sens, voire même par outrecuidance et pas du tout sous l'influence d'une obsession dont il a voulu se libérer par l'accomplissement d'un acte héroïque.

La grandeur imposante du personnage de Don Juan consiste en ce qu'il a répudié toute aspiration héroïque.

Il ne supprime pas les hommes pour entrer en possession de leur femme, mais il revendique les femmes comme un droit et il ne se fait pas scrupule de supprimer les obstacles. Cette désinvolture le préserve de l'identification avec un criminel vulgaire. Il n'a pas besoin de tuer un homme pour conquérir sa femme car, de par sa nature même, il ne peut avoir de rival en amour. Quand il ne peut pas vaincre par la puissance de sa personnalité, il a recours à la ruse ou à la force. C'est pourquoi le motif d'Amphitryon, connu de la mythologie grecque, d'après lequel le héros capte par surprise les plaisirs de l'amour sous le masque de l'amant légitime, fait partie intégrante du caractère de Don Juan. La situation de Don Juan vis-à-vis du mari n'est donc pas celle d'un rival proprement dit, mais celle d'un être supérieur, exactement comme dans le mythe de l'*Amphitryon* celle du dieu, sûr de sa victoire, vis-à-vis de l'époux mortel. C'est pourquoi le fait que la femme convoitée ait un amant légitime semble indispensable à Don Juan pour lui permettre de s'exprimer. Cet amant est aussi bien un Double du Don Juan que Leporello en est un quand il le remplace auprès de la femme. Le trait de caractère le plus marquant dans la situation de Don Juan vis-à-vis de l'homme est qu'il ne veut pas l'évincer ou l'écarter, mais l'emporter sur lui, soit par la ruse, soit par le vol. Dans ce trait de caractère s'exprime une forme tardive de l'ancienne croyance à l'âme par laquelle l'homme fort et volontaire a le droit et le devoir de féconder les femmes pour perpétuer son âme (1). Plus tard, pour des raisons que nous développerons plus loin, le héros doit obtenir cette ancienne prérogative de la femme et aussi de l'homme, soit par force, soit par ruse. Féconder avant leur mariage des femmes appartenant à d'autres hommes n'est donc plus jouer le rôle du père dieu dominateur, mais au contraire c'est prendre le rôle du Totem animateur, du dieu qui non seulement est capable de procréer mais peut aussi donner de son âme. De même l'attitude de Don Juan vis-à-vis de la femme paraît, si on l'étudie de près, quelque peu différente de l'opinion en cours. Avec les femmes, il ne tient pas au-

(1) Cf., pour tout ce chapitre, *Seelenglaube und Psychologie.*

tant à arriver au but, ce dont il est sûr comme d'un droit qui lui est dû, qu'aux conditions particulières dans lesquelles il arrivera à ce but et qui se retrouvent dans ses rencontres avec Donna Anna, Donna Elvira et Zerlina. Sans un amant légitime, la femme n'a pas de charme pour lui. Mais ce n'est pas la contestation de l'objet à son possesseur légitime qui tente Don Juan, ce n'est pas du tout son rôle. Il ne veut pas prendre la femme d'un autre, il veut seulement prélever ses droits. Il ne veut pas posséder la femme dans le sens de la durée, il veut seulement la féconder, c'est-à-dire : il veut lui donner son âme, car c'était le rôle de l'amant-dieu ou héros, auquel le mari abandonnait volontiers sa femme pour garder pour lui-même l'âme immortelle au lieu de la faire passer dans l'enfant. Dans le Don Juan, ce trait caractéristique important du héros idéal, la fécondation de la femme par la substance animatrice immortelle, est transformé en son contraire et, au point de vue de l'idéologie chrétienne concernant l'immortalité, est flétri comme un acte de volupté diabolique.

Dans cette évolution qui marche de pair avec celle des idées concernant la croyance à l'âme, se trouve tout le problème du Don Juan. Don Juan est encore l'antique héros qui féconde les âmes, mais sous l'influence de l'idée chrétienne du péché, il est devenu un jouisseur sexuel, dévergondé. Pour mieux dire, il aurait failli le devenir si la croyance en une immortalité personnelle, comme elle existait avant l'idéologie chrétienne, ne s'était pas défendue contre une immortalité trop spiritualisée et trop communiste telle que l'enseigne la religion chrétienne. Le type de Don Juan sert à représenter ce conflit entre deux philosophies. Extérieurement il a gardé tous les traits de l'antique demi-dieu ; intérieurement cependant sa conscience est dévorée par la peur d'un séjour éternel dans l'Enfer. Bien plus ! Si l'on considère le personnage du Don Juan comme le type représentatif du conflit entre deux idéologies spiritualistes, l'héroïque et la religieuse, on reconnaît sans peine qu'au moins dans quelques-unes de ses premières personnifications espagnoles, telles qu'on les trouve dans les œuvres du moine Tellez, le personnage du Don

Juan porte nettement les signes caractéristiques du Diable (1).

La personnification du Diable sous les traits d'un jouisseur sexuel ne peut pas nous surprendre puisque le Diable est le prototype du héros non idéalisé, tandis que le héros idéalisé nous est présenté comme un dieu ayant pris les formes d'un homme. On peut même être étonné que cette identification de Don Juan avec le Diable n'ait pas été depuis longtemps utilisée pour expliquer le sujet de Don Juan. Il est vrai qu'on n'en savait pas assez sur la signification psychologique du Diable pour expliquer à l'aide de ces notions une figure encore plus énigmatique que lui. Le fait que le Diable a été depuis toujours considéré comme le séducteur sexuel des femmes a probablement incité quelques rares auteurs, comme par exemple Barbey d'Aurevilly, à confondre directement Don Juan avec le Diable. Il est assez surprenant qu'une telle conception, qui est profondément enracinée dans le sujet de Don Juan, ne soit apparue qu'à l'époque du romantisme, au XIXe siècle. C'est aussi au romantisme que nous devons (par exemple à Grabbe) le rapprochement de Don Juan avec Faust, tel que la tradition originale nous l'a fait connaître, comme seigneur et maître en sorcellerie, c'est-à-dire comme le Diable lui-même, et non avec le Faust de Goethe, qui en a fait un disciple savant de Méphistophélès. Goethe, le véritable précurseur du romantisme, a fait de Faust une sorte d'héroïque symbole de l'homme luttant pour la vérité et l'émancipation de la personnalité. Il a détaché de lui tout ce qui est diabolique et l'a personnifié dans son Double séducteur.

A première vue, on pourrait croire que le personnage de Don Juan ne nous apprend sur le Diable rien de plus que ce que nous croyons en savoir, c'est-à-dire qu'il nous est donné comme une personnification de notre vie primitive effrénée, toute faite d'instincts, avec accentuation toute particulière du côté de la sexualité. C'est par une autre

(1) D'après une tradition italienne, le moine Tellez aurait vendu son âme au Diable pour gagner la renommée sous le nom du poète Tirso de Molina. — On sait que des acteurs italiens ont fait connaître en France le sujet du Don Juan en 1657.

voie que nous sommes arrivés à comprendre les motifs pour lesquels au Moyen Age, époque où est né aussi Don Juan, l'Église a fait du Diable une personnification de la plus abjecte sexualité. Auparavant, il n'y avait pas de rapports entre le Diable et la sexualité. La signification primitive du Diable découle des idées antiques sur l'âme ; celles-ci de leur côté ont leur source dans la croyance à l'immortalité. Quoique peu à peu, avec le temps, le Diable se soit sexualisé (ou plutôt que la sexualité se soit diabolisée), la croyance à l'âme a donné naissance à l'idée du Diable, et quelles qu'aient été les manifestations ultérieures de cette idée primordiale, au fond elle en est toujours restée la partie essentielle. Même le sujet de Don Juan le montre dans son noyau qui, d'après l'opinion générale, est l'antique tradition du Convive de pierre à laquelle celle du séducteur frivole n'a été ajoutée qu'après. Dans la conception du Diable comme dans celle de Don Juan, qui ne représente qu'une certaine phase de son évolution, il ne s'agit donc pas du problème de la sexualité mais du problème plus universel de l'âme.

Mais quel rapport y a-t-il entre ces deux problèmes ? Pour pouvoir répondre à cette question, il faut pénétrer plus avant dans la préhistoire, au-delà de ces horribles Démons mortuaires, et il faut arriver jusqu'à l'époque où l'idée de l'âme est née de l'idée de l'immortalité, comme nous l'avons développé dans l'étude du Double. Au début, le Double tel que l'ombre le dessinait paraissait être l'âme immortelle du Moi corporel. Cette idée d'âme immortelle s'est peu à peu confondue avec la conception supra-naturelle de Dieu, tandis que l'âme mortelle et damnée se cristallisait en même temps dans la figure honnie du Diable. Quant à la sexualité, elle a avec ce pur problème du Moi, concernant la perpétuation de l'individu, des rapports beaucoup trop compliqués pour que nous puissions les étudier ici.

Si dans la conception naïve et matérialiste du début, l'âme immortelle ne paraissait pas différente du Moi corporel, il a plus tard fallu s'adresser à la sexualité pour s'assurer une immortalité, au moins génésique, du moment que la croyance en une immortalité directe de la personne était devenue impossible à soutenir. Aujourd'hui nous ne comprenons plus bien, mais l'histoire met hors de doute que dans cette migration primitive de l'âme d'un corps dans un autre, c'est à la mère et non au père qu'incombait le rôle principal, et ceci non seulement dans un sens biologique qui est à la rigueur explicable, mais aussi au point de vue spirituel. Car, d'après une opinion très répandue chez les primitifs, l'enfant dans le corps de sa mère est animé non pas par le père mais par l'esprit d'un défunt (plus tard les aïeux) qui renaît dans cet enfant. Quant au père, c'est-à-dire le mari, il doit attendre sa propre mort pour pouvoir infuser la matière immortelle de son âme dans le corps d'un enfant. Vivant, il s'exposerait directement au danger de perdre sa propre âme par la fécondation, et de mourir ainsi avant l'heure. C'est pourquoi il abandonne au héros venu au lieu et place du dieu la fécondation de sa femme.

De cette conception découle une coutume qui est pour notre sujet pleine d'enseignements. Nous voulons parler du fait que le mari s'abstient volontairement de tous rapports sexuels avec son épouse encore vierge dans l'intention de se garantir ainsi contre le danger de perdre son âme au profit de sa femme, ou plutôt de son enfant. C'est la raison pour laquelle le mari sacrifiait les premières nuits : d'abord au Totem, ensuite au dieu et en dernier lieu à l'un des souverains de la terre (roi, prêtre), coutume qui s'est encore maintenue sous le nom de *jus primae noctis*. Dans un certain sens Don Juan est ce souverain auquel les paysannes de son domaine appartiennent dans leur nuit de noces (Tysbée, Aminte, Zerline). Peut-être faut-il voir dans ce motif la trace de ce fond historique qu'on a tant cherché dans le Don Juan qui, en fin de compte, a pu n'être au début qu'un représentant des idées chrétiennes de l'aristocratie de ces temps. Ils doivent être d'une force de volonté (et de procréation) peu ordinaire, ces hommes qui ne craignent pas en enfreignant le Tabou la perte de leur âme et acceptent d'assumer le rôle du fécondateur. Peut-être a-t-on cru qu'ils possédaient, à l'instar des chefs et des prêtres des primitifs, une telle quantité de substance spirituelle (de mana) que la perte que leur occasionnait l'acte sexuel de la fécondation ne pouvait pas leur faire grand tort. En tout cas, la chance avec laquelle ils ont fini par se tirer de cette tâche périlleuse a fait croire que ces individus n'étaient pas seulement d'une force surhumaine, mais qu'ils étaient suffisamment rusés et roués pour éviter le danger de perdre leur âme.

Cette ruse « diabolique » qui caractérise aussi Don Juan nous fait constater encore un autre motif dont ce sujet semble être si particulièrement riche. La femme a été au début abandonnée volontiers, et avec le consentement du mari, à ce « fécondateur », au moins aussi longtemps que le mari croyait faire cet abandon à un dieu ou qu'il se sentait fortifié dans sa croyance de sauver ainsi son âme. Au fur et à mesure que des individus de plus en plus nombreux se mirent à abuser de cette prérogative divine, le mari commença à trouver peu compatible avec sa vanité et son désir de posséder, de se contenter d'un rôle aussi secondaire. Et nous voyons un nouvel aspect du problème se détacher en pleine lumière, qui jusqu'à présent était resté en dehors de notre champ d'observation : c'est le rôle de la femme. Jusqu'à présent il était question de la femme comme objet passif, mais il est très probable qu'elle a joué un rôle très actif dans le développement de la croyance à l'âme et dans celui du personnage de Don Juan.

7. Le rôle de la femme

Quoique dans la plupart des traditions, surtout de l'époque préromantique, traitant de Don Juan, la femme paraisse repoussée à l'arrière-plan par la figure prépondérante du héros, son importance dans le sujet de Don Juan ne doit pas être négligée ni sous-estimée. Partant de cette constatation que le sujet du Don Juan est basé sur la croyance à l'âme, nous voyons que ce héros diabolique, qui ne cherche pas autre chose apparemment qu'une simple satisfaction sexuelle, prive non seulement l'enfant de son âme, mais, si l'on tient compte d'une certaine morale et d'un certain ordre social, il trompe la femme aussi puisqu'il abuse de son rôle divin d'animateur pour satisfaire uniquement le plaisir de ses sens. Ainsi, ce que la femme prend pour « un déshonneur » est en réalité un rapt d'âme puisque l'homme, d'après l'antique croyance, la prive de l'âme à laquelle elle a droit. C'est de ce rapt d'âme et non d'une trahison sexuelle que la femme se venge dans les premières versions de Don Juan où il s'agit soit de vengeance pour un père assassiné, soit de châtiment d'un sacrilège qui généralement commence par la séduction d'une nonne. Cette première maîtresse délaissée devient fatale au héros, ainsi que nous le voyons dans l'opéra de Mozart, où Donna Anna est la véritable persécutrice de Don Juan, même si ce n'est pas elle qui est l'exécutrice de sa vengeance. Si donc au début la femme est restée éternellement liée au premier homme parce qu'il lui a donné l'âme, maintenant à son tour c'est l'homme qui ne peut plus se détacher de la première femme et qui périt par elle parce qu'il ne lui a pas donné l'âme qu'il lui devait.

Dans le cercle d'idées dans lequel l'histoire de Don Juan nous entraîne, nous nous trouvons donc en présence d'une phase d'évolution de la croyance à l'âme où la croyance primitive à l'immortalité sous forme d'une survie matérielle par le corps lui-même a fait place à la nouvelle croyance chrétienne en une immortalité divine par l'intermédiaire de l'âme. Mais l'homme veut maintenir son immortalité personnelle profondément ancrée en lui et il lutte, en conséquence, à la fois contre une immortalité génésique représentée par la femme et contre une immortalité collective promise par la religion. Mais la femme commence aussi maintenant à lutter pour son droit à une âme personnelle. Elle n'a plus de raisons de se laisser imposer un homme qui devait la féconder en *premier* au nom d'une croyance qui autrefois avait des avantages pour le mari, son possesseur véritable. Aussi paradoxal que cela puisse paraître, nous sommes obligés de voir dans le sujet du Don Juan le premier essai *par lequel la femme cherche à s'émanciper de la domination qu'exerce sur elle l'homme par la superstition sexuelle.* Aussi, c'est dans cette même Espagne qu'en conséquence elle est accusée par l'homme d'être associée au Diable et brûlée comme sorcière. En réalité, la femme s'est servie de l'homme et de sa crainte de la fécondation pour se soustraire à son joug. Mais d'un autre côté, Don Juan est aussi dans un certain sens le véritable émancipateur de la femme. Il libère la jeune fille des chaînes dans lesquelles la religion et la morale, créées pour l'avantage de l'homme, l'ont emprisonnée, par le fait qu'il ne veut pas mettre sur elle son emprise définitive, mais seulement en faire une femme (surtout les nonnes enlevées au cloître). Mais il n'est pas un libérateur héroïque dans le sens de ce héros de la légende qui sauve la vierge enfermée par un monstre pour la garder ensuite constamment pour lui-même. Il est plutôt un instrument sans volonté (1)

(1) Cf. le roman de Joseph Delteil, *Don Juan* et particulièrement le chapitre : La Révolution, p. 184 (« Tu es le *putain des femmes* »).

entre les mains de la femme qui conquiert son émancipation des chaînes d'une superstition sexuelle en se servant de l'homme.

Ce changement dans les conditions sexuelles, qui a encore son importance pour notre morale sociale actuelle, remonte à la croyance à l'âme créée par l'homme. Dans la lente régression et dans la suppression finale de cette croyance, la plus grande part revient à la femme. Si, au début, la femme ressentait non seulement comme son devoir mais comme un honneur religieux d'être fécondée par l'esprit divin, en la personne de son représentant terrestre (prêtre ou héros), avant d'appartenir à l'homme mortel, le conflit entre les efforts tenaces que faisait l'homme pour maintenir cette coutume favorable à ses idées sur l'immortalité et la résistance qui s'accroissait constamment chez la femme contre cette croyance à l'immortalité, fit naître un autre jugement de valeur sur la moralité du rapport sexuel extra-conjugal. L'homme conserve le privilège, tacitement accordé, de maintenir dans le rapport prénuptial et extra-conjugal sa croyance devenue « illégitime » à l'âme, tandis que la femme et la mère s'éloignent de plus en plus de cette coutume dépourvue de son contenu spirituel. Si auparavant il y avait une classe privilégiée d'hommes représentant seulement l'outil de l'esprit divin, il existe depuis une classe honnie de femmes servant d'outils aux plaisirs sexuels de l'homme. C'est un complet renversement psychique et moral des idées fondées sur l'ancienne croyance à l'âme. Avant, les hommes se divisaient en deux catégories : ceux qui pouvaient féconder la femme avant le mariage grâce à leur pouvoir spirituel particulier et ceux qui partageaient avec la femme le plaisir sexuel dans le mariage. Maintenant ce sont les femmes qui se divisent d'après la sexualité en deux classes aussi nettement délimitées : celles qui continuent de servir l'homme en dehors du mariage c'est-à-dire sa croyance, déjà décadente, à l'âme et celles auxquelles appartient le rôle des mères, auxquelles les hommes doivent donner leur âme. Et voilà le sens spirituel profond du mariage, mais c'est lui aussi qui, dans la vie de famille, donne naissance aux conflits les plus tragiques.

En même temps que la mère a été éloignée du plaisir sexuel, c'est-à-dire qu'il y a eu séparation entre l'amour céleste et l'amour terrestre, l'enfant, qui auparavant appartenait à la société, prend une autre valeur, puisque maintenant l'homme sauve, grâce à l'enfant, son âme par le moyen de l'immortalité génésique. Les premières luttes désespérées de l'homme contre cette subordination à une loi biologique à laquelle en fin de compte il est obligé de se rendre, se reflètent dans les coutumes des sacrifices de l'enfant par le père (1) et dans les mythes qui nous racontent l'enfance des héros (2). Le père essaye de tuer après sa naissance son fils nouveau-né, dont il est obligé de reconnaître la procréation, et il justifie généralement cet assassinat par une mauvaise prophétie. Quand le père mange ses enfants, comme dans le mythe typique de Kronos, nous voyons de toute évidence qu'il le fait poussé par l'idée qu'il pourrait sans cela être contraint de se priver de son âme au profit de son enfant. En le dévorant, le père espère s'incorporer ainsi de nouveau la substance immortelle de son âme. Le héros prédestiné échappe à ce sort parce que la mère le sauve et le protège, mais souvent aussi il faut tromper le père tyrannique en lui sacrifiant un autre enfant. Dans ce substitut de la victime qui souvent est le frère jumeau, nous reconnaissons facilement le Double spirituel de l'enfant, qui, ange gardien, se sacrifie pour lui et meurt pour que le futur héros puisse affronter sans crainte tous les dangers de mort (3).

Le rôle sauveur que la mère joue dans les mythes du héros nous fait croire qu'à une certaine phase de l'évolution de la croyance à l'âme, que j'ai étudiée et développée

(1) Voir par exemple le sacrifice d'Isaac par Abraham et d'Iphigénie par Agamemnon.

(2) Voir O. Rank, *Der Mythus von der Geburt des Helden*.

(3) Dans une autre coutume très répandue chez les peuples primitifs, appelée « couvade » ou couches masculines, nous reconnaissons une première manifestation de l'acquiescement du père concernant sa dette spirituelle, puisque ayant donné une partie de son âme à l'enfant il doit nécessairement tomber malade à la suite de la naissance de son enfant.

ailleurs (1), incombait aussi à la femme le rôle d'« animatrice de l'enfant », rôle qui auparavant appartenait seul à l'esprit du Totem. Beaucoup plus tard, à une époque où le monde a perdu successivement les dieux et les esprits, c'est l'homme, représentant terrestre de Dieu, qui anime non seulement l'enfant mais aussi la femme, comme d'autre part la femme prête son souffle animateur et à l'enfant et à l'homme pendant « l'événement d'amour ». En d'autres termes, celui qui personnifie sur terre l'esprit animateur, qu'il soit l'homme ou la femme, est considéré finalement non seulement comme l'animateur de l'enfant, mais aussi de son partenaire en amour. Mais en même temps, on le croit capable de ravir l'âme à son partenaire.

La première phase de cette humanisation se reflète dans les mythes où l'esprit Totem féconde la femme par parthénogenèse, et dans la vie sociale à l'époque du matriarcat. Dans un stade plus avancé de l'évolution humaine, nous rencontrons dans les contes de fées le héros qui anime la vierge ensorcelée (c'est-à-dire privée de son âme) tant qu'elle reste liée à lui. Mais d'un autre côté nous rencontrons aussi le type contraire représenté par le conte de Psyché, où la femme libère le prince transformé en animal (esprit de Totem), c'est-à-dire lui rend l'âme.

Le rôle animateur de la femme, qui dans l'amour romantique a trouvé son apogée, commence à percer dans le sujet de Don Juan, qui signifie la première révolte de la femme contre l'idéologie égoïste de l'immortalité défendue par l'homme, et contre l'idéologie collective de l'Église. Comme dans les mythes, la mère avait été l'ange gardien du héros en danger, ainsi dans l'amour romantique la femme est le Double du héros qui le protège et le guide. Le Don Juan de la tradition espagnole lutte contre ce rôle d'animateur de la femme comme il s'élève aussi contre la croyance ecclésiastique en l'immortalité et contre la morale sexuelle bourgeoise qui est intimement liée à cette croyance. Mais déjà chez Molière,

(1) *Seelenglaube u. Psychologie.*

Don Juan épouse Donna Elvira qu'il a enlevée du cloître. Au cours de leur vie commune, Donna Elvira apparaît comme une admonitrice grave qui conseille à Don Juan de renoncer à ses vices. Depuis, la femme, comme nous le verrons dans le chapitre suivant, prend de plus en plus le rôle du Double bienfaisant du Moi, c'est-à-dire symbolise l'âme immortelle.

8. L'explication psychologique par les poètes

Voulant appeler les poètes en témoignage pour notre explication du folklore, nous sommes obligés de rechercher d'abord si un tel témoignage est licite et utile. Les psychologues ont souvent trouvé une confirmation précieuse de leur manière de voir dans les créations des artistes éminents qui ont su retrouver par intuition des processus psychiques analogues à ceux découverts par les psychologues. Trouver les conditions intimes dans lesquelles se fait ce travail artistique était un des premiers problèmes auxquels nous nous sommes intéressés (1). Nous avons reconnu que l'imagination du poète n'est pas en réalité aussi libre qu'on pourrait le croire. Même dans des créations qui paraissent tout à fait personnelles, elle est enchaînée à des modèles typiques qu'on pourrait même mieux qualifier de modèles primordiaux. Il n'est pas très rare, comme c'est d'ailleurs le cas dans ce qu'on appelle la poésie populaire, que des poètes, en s'appropriant un motif, en découvrent de nouveau la signification animiste primitive dont les psychologues ont fait un élément rationnel après que la religion l'eut spiritualisé.

Les plus grands poètes qui font de l'exactitude et de la finesse des motifs psychologiques, par-dessus toute autre considération, le principal contenu de leurs œuvres

(1) Rank, *Der Künstler. Ansätze zu einer Sexualpsychologie*, Wien et Leipzig, 1907 (4e édition, 1925).

établissent ainsi à l'aide de leur transposition poétique un pont entre les motifs populaires d'autrefois et leur interprétation psychologique actuelle. Mais la psychologie de l'artiste diffère de celle de l'analyste en ce sens que l'artiste, en plongeant de plus en plus dans l'origine des motifs estompés par le temps, reproduit simultanément leur explication dans la forme synthétique qui lui est particulière, tandis que le psychologue, conformément à sa tendance d'analyste, s'efforce de séparer ces deux facteurs et d'étudier les rapports qui existent entre eux, c'est-à-dire de faire la plus rigoureuse discrimination entre le motif et son interprétation.

Nous étudierons dans le dernier chapitre la portée psychologique de la littérature. Auparavant nous voulons, en étudiant le véritable caractère du Don Juan et ses rapports vis-à-vis des femmes, étudier quelle signification les poètes ont donnée à ce motif en développant artistiquement le sujet. Dans *le Burlador*, seul le jeu scélérat que fait Don Juan avec le cœur des femmes est conté. « Il n'est pas question d'amour. L'action est constituée par le désir ambitieux de séduire ou de l'emporter sur un autre. Il ne connaît pas la pitié pour les déshonorées... Les moyens par lesquels il veut arriver à son but ne sont pas tous trop délicats. Chez la duchesse Isabelle et chez Donna Anna de Ulloa, il s'introduit la nuit *sous le masque de leur amoureux*. Les *naïves fillettes* Tysbée et Aminta sont attirées par la promesse du mariage. Il n'est aimé d'aucune » (Heckel, p. 9 et suiv.). Dans tout ceci nous ne reconnaissons pas le motif primitif du remplacement de l'amant, nous ne voyons pas davantage s'y exercer le droit du seigneur, comme il fut reconnu dans le Droit matrimonial de la société ultérieure. Nous reconnaissons le premier pas vers l' « embourgeoisement » du héros dans la pièce de Molière où Don Juan, du héros impie qu'il était, devient un gentilhomme libertin de la France du XVIIe siècle. Il ne connaît pas l'amour mieux que le Burlador, mais s'il a enlevé Elvire du cloître, il l'a aussi épousée. Abandonnée par lui, Elvire le suit et, trompée de nouveau, essaye par des admonestations et des conseils, de lui faire abandonner sa vie de luxure. « Ce trait d'un amour sans passion, sans désir, place Elvire au-dessus des autres victimes du séducteur, il la place même au-dessus de la duchesse Isabelle, du *Burlador*, dans laquelle on a voulu voir le modèle d'Elvire. » Chez Molière c'est pour la première fois, constate Heckel, « que Don Juan se trouve vis-à-vis d'un personnage de femme d'une telle fierté et d'une telle noblesse », ou, comme nous dirions, c'est la première fois qu'une femme émerge de la foule des femmes qui, pour Don Juan, ont toutes la même valeur, c'est-à-dire aucune.

Le prochain progrès de l'évolution de la femme se trouve dans le poème de Da Ponte qui a fourni le livret au *Don Juan* de Mozart. « Da Ponte fait de Donna Anna la principale conductrice de l'action dirigée contre Don Juan. Il fournit à Mozart l'occasion de créer son plus parfait personnage de femme... Dans *le Burlador* et encore chez *Gazzaniga*, Donna Anna disparaît entièrement de la scène après l'assassinat de son père. C'est Mozart qui a fait d'elle le grand personnage congénère de Don Giovanni, mais elle ressemble aussi peu que possible à Giovanni. Son rôle véritable c'est de défendre et de venger les lois lésées de la morale. Son ressort est d'abord sa pudeur de vierge et ensuite son amour pour son père assassiné; la passion sensuelle lui est complètement étrangère » (*l. c.*, p. 24). Dans les œuvres ultérieures où l'action est beaucoup plus tendue, le nombre des maîtresses de Don Juan diminue de plus en plus. Aussi chez Grabbe il n'en paraît qu'une, tandis que Tolstoï ne traite que des rapports de Don Juan et de Donna Anna, et qu'enfin Rittner (dans sa comédie, *Unterwegs*, 1909) fait même de Leporello l'adversaire de Don Juan et le plus fidèle des époux.

Au cours de son évolution poétique, le type original de Don Juan a donc fait du chemin depuis le séducteur scélérat, par l'amant romantique, jusqu'au bourgeois amoureux. Il est arrivé ainsi à une phase où l'outrecuidance du héros est abandonnée en faveur d'un sentimentalisme romantique ; de ce fait le caractère du véritable Don Juan se trouve estompé. Comme le montre le poème de Lenau, le héros « n'est plus un criminel génial, mais un homme qui lutte pour atteindre son idéal. Il n'est plus un homme qui, déçu et dépité, a renoncé à sa lutte vers le but suprême, mais il est un chercheur pour toute sa vie » (Heckel, p. 82). Lenau dit lui-même : « Mon Don Juan n'est pas un homme sanguin, éternellement occupé de la chasse aux femmes. En lui vit le désir de trouver l'unique femme qui incarne la féminité, dans laquelle il pourrait jouir de toutes les femmes de la terre puisqu'il ne pourrait pas les posséder toutes individuellement l'une après l'autre. » Ici Don Juan nous paraît le chercheur de l'âme dans la femme.

En faisant de Don Juan, du type primitif du conquérant, un héros romantique amoureux, les poètes le font assez souvent périr de la main de la seule femme qu'il aime. Ici se rangent les nombreuses œuvres modernes dans lesquelles Don Juan trouve la mort par la main d'une maîtresse délaissée, ce qui est aussi étranger à son caractère que possible, mais représente pour nous un motif important de l'évolution psychologique du personnage tel que nous l'avons reconstruit. Dans la personne de Donna Anna, qui venge les lois de la morale lésée, nous avons déjà reconnu, sous la forme d'une amoureuse romantique, la résurrection de la mère, ange gardien. Ainsi le sujet s'humanise de plus en plus chez les poètes modernes. Le héros périt parce qu'il a trahi l'amour noble et spirituel de la femme et non pas parce qu'il a commis un sacrilège. Le Don Juan typique ne veut pas abandonner son immortalité narcissique. Il se défend contre cette libération de son narcissisme que lui procurerait l'amour d'une femme, son véritable Double spirituel, capable de le débarrasser du joug de son moi et de l'enrichir infiniment en même temps. Chez Pouchkine, la femme aimante se caractérise tellement comme le Double spitituel de Don Juan qu'elle n'a pas seulement ses traits physiques, mais qu'elle est aussi infidèle et légère que le héros lui-même.

Ce rôle moderne du Don Juan trompé par sa femme semble avoir trouvé son point culminant dans une des plus récentes et des plus spirituelles incarnations de Don Juan, dans *Man and Superman* (Londres, 1903) de Bernard Shaw, où l'antiromantisme est poussé jusqu'à la caricature. Le héros, un gentleman anglais, révolutionnaire théoricien, lutte avec tous les moyens de la philosophie et de la technique moderne contre le sort inéluctable d'être épousé contre sa volonté par Donna Anna. Sa philosophie, d'après laquelle la femme est un être mauvais et dangereux, ne peut pas le sauver de cet enfer sur terre, en comparaison duquel le véritable enfer où se trouve Don Juan, et qu'il voit en rêve, équivaut même à un séjour dans le Ciel. Il sait que la femme cherche et obtient la domination sur l'homme. Il se rend compte que la *femme se sert de l'homme* uniquement comme instrument de son devoir naturel. Il n'en finit pas avec des comparaisons de nature zoologique où la femme est tantôt comparée à une araignée qui attire l'homme dans son filet pour lui sucer le sang, tantôt à un boa constrictor qui l'enserre sans qu'il puisse s'en détacher, tantôt à des rapaces qui le dévorent comme une proie sans défense.

On trouvera peut-être injustifié de tirer des conclusions si sérieuses, de ces passages d'une pièce qui, de toute apparence, poursuit des buts complètement différents. Il est à remarquer que ces pièces expriment une orientation toute différente d'esprit et une façon de voir toute personnelle aux auteurs modernes. Nous serions conduits au-delà des limites de notre étude si nous voulions expliquer et motiver cette manière de voir. Ce qui nous intéresse est ailleurs. Après avoir étudié comment les poètes conservent les anciens motifs et les mettent en relief, nous voulons aussi étudier le dynamisme marchant parallèlement avec la conservation de ces motifs et qui constitue le véritable mobile de cette production artistique. Ainsi nous toucherons le problème essentiel de notre étude, à savoir la portée sociale des œuvres littéraires dont nous voyons la manifestation dans les réactions affectives qu'elles provoquent.

9. La décadence du héros

Le Diable. — Je crois que tu lis trop ce qu'on écrit sur toi.

ROSTAND.

Après avoir étudié les motifs psychologiques qui se laissent découvrir dans le Don Juan depuis les temps reculés jusqu'à nos jours, il nous reste à étudier comment les auteurs ont individuellement formé et modifié ce sujet qui, après s'être confondu avec le Mythe du Diable au Moyen Age, s'est lentement transformé pour se présenter à nous sous des caractères humains.

Don Juan paraît pour la première fois dans la littérature mondiale à la fin du XVIe siècle, dans une comédie espagnole probablement perdue, mais dont nous possédons dans *Le Burlador de Séville* une version peu modifiée. On a attribué pendant très longtemps cette œuvre au moine Fray Gabriel Tellez, plus connu sous le nom de Tirso de Molina, auteur fécond de comédies. Mais dernièrement la paternité lui en a été contestée en faveur du grand Calderon. Pour nous, la question a peu d'importance, car dans l'un ou l'autre cas nous ne connaissons rien de plus de la personnalité du premier poète et créateur du Don Juan que des généralités appartenant à son temps et à son œuvre. De ces renseignements parcimonieux, nous pourrions tout au plus faire quelques suppositions sur ce qui a pu éveiller l'intérêt du poète, à part cela peu connu, pour le Convive de pierre. Du reste ce Convive de pierre a déjà paru auparavant dans la pièce de Juan de la Cueva, *L'Infamador*, représentée en 1581 à Séville, et dans *Les jeux de Léontius*, où surtout étaient traités les passages d'horreur. Tandis que dans cette dernière pièce le héros est représenté comme un vulgaire scélérat et que le mort paraît uniquement pour venger l'offense qui lui a été faite, dans *le Burlador* la scélératesse est poussée jusqu'au sublime et le châtiment se présente comme une manifestation de l'éternelle justice divine. Mais croire que ce motif éthique et religieux aurait poussé le poète du Burlador, vivant dans un temps d'un bigotisme étroit, à transformer le sujet traditionnel du mort vengeur, est une raison trop générale et trop pauvre en même temps pour satisfaire l'analyste quand il s'agit de l'individualité d'un poète. Heureusement que, dans cet embarras, une autre question beaucoup plus intéressante vient à notre secours. Comment le poète a-t-il été amené vers le personnage de Don Juan et comment a-t-il lié son histoire à celle du mort vengeur ?

Pour répondre même à cette dernière question, il nous faudrait connaître plus intimement la personnalité du poète, ce que nous ne pouvons pas. Cependant nous croyons que le travail d'analyse des motifs auxquels nous nous sommes livré nous a déjà fourni, sans que nous nous y attendions, la solution du problème. Il s'agit seulement d'employer avec méthode pour l'ensemble de l'ouvrage ce « principe de l'élucidation » de l'expression poétique, que nous avons employé systématiquement dans l'étude de chacun des motifs. De l'étude psychologique de l'angoisse humaine devant le mort vengeur et de l'essai que l'homme fait pour vaincre cette angoisse par le moyen de la sexualité, s'est développé ce héros érotique sans peur qui est représenté par le personnage imaginé du Don Juan. En d'autres termes, le premier poète du Don Juan, qu'il ait voulu ou non représenter un personnage historique, nous a donné dans son héros, immortel, mais comme nous l'avons vu si transformable, l'explication psychologique de la vengeance du mort :

le poète a imaginé le crime moral correspondant au châtiment traditionnel issu lui-même d'un puissant sentiment personnel et atavique de culpabilité.

Dans *le Burlador*, nous nous trouvons pour la première fois devant une transformation complète du sujet primitif dans le sens que lui imprime la fantaisie la plus extrême du désir. C'est pour ainsi dire le premier de la série des héros que les poètes aient créés d'après leur psychologie individuelle. Ultérieurement, le sujet semble se transformer à la façon des contes, soit par la réapparition brusque des traits archaïques, soit par l'interprétation artistique et surtout par la dégradation progressive du sujet, en ce sens que le sentiment de culpabilité, dont le reniement fait partie intégrante du type original du Don Juan, semble éteint.

Le Burlador est en effet le moqueur qui, sous la figure comique de son domestique, fait peu de cas de la conscience que représente celui-ci. Dans son désir de dénigrer toute morale, toute valeur spirituelle, il veut se persuader lui-même qu'il ose narguer la mort et l'invite à trinquer avec lui. Le sens psychologique de cette action serait donc de montrer que l'homme peut tenir tête à toutes les puissances ennemies venues de l'extérieur, mais qu'il succombe à celles qui vivent en lui-même et qui se manifestent comme conscience, sentiment de culpabilité et crainte du talion. Nous avons déjà fait remarquer comment cette notion latente du châtiment devient de plus en plus manifeste dans l'évolution ultérieure du sujet, par l'accumulation des crimes. « En effet, tous les Don Juan de la première moitié du XIXe siècle ne sont rien de plus que de viles natures de criminels » (Heckel, p. 68). En même temps l'érotisme effréné dans lequel devrait se manifester le désir de luxure du héros perd de plus en plus de son caractère d'originalité. Les traits de caractère du héros typique se perdent et meurent. Don Juan menace de périr, tout à fait comme un névropathe, du fait de son sentiment de culpabilité devenu trop puissant. Seul l'art avec lequel le poète parvient à exprimer la psychologie de ce héros peut encore le sauver et donner pour un temps de l'intérêt à son semblant d'existence.

D'après tout ce que nous savons maintenant des conditions psychologiques dans lesquelles s'exerce la production poétique, nous ne pouvons plus nous étonner si la technique de la présentation artistique du sujet rappelle sur beaucoup de points les procédés de la psychanalyse. La synthèse artistique du sujet de Don Juan a trouvé dans le chef-d'œuvre immortel de Mozart son apogée, où le sentiment de culpabilité éclate avec une telle force que d'un côté il y trouve sa plus noble manifestation, et d'un autre côté il amène un arrêt complet du désir débordant de vivre du héros.

En effet, les motifs inconscients contenus dans le sujet de Don Juan ayant atteint cette clarté dans leur présentation artistique, un développement ultérieur dans cette voie est devenu impossible. A partir de ce moment commence en réalité la véritable interprétation psychologique du Don Juan, en Allemagne avec E. T. A. Hoffmann, et en France avec Alfred de Musset. Cette interprétation conforme aux idées du début du XIXe siècle correspond à l'opinion « d'après laquelle Don Juan n'est pas seulement le grand scélérat, mais aussi un *homme* qui cherche et qui lutte, et dont l'infidélité provient de son désir de la femme idéale et de ses propres instincts puissants » (Heckel, p. 65). Si Heckel dit que cette conception est « la première explication psychologique de Don Juan » parce que c'est en elle que se pose pour la première fois la question : « Comment Don Juan est-il devenu ce qu'il est ? » (p. 70), on pourrait la considérer comme une conception psychanalytique, puisqu'elle réduit la grandeur d'un héros romantique à des mesures purement humaines. Mais par cela même elle détruit le véritable caractère du héros. C'est pour cette raison que la conception de Hoffmann a rencontré tant d'opposition, même chez son biographe dévoué, Ellinger.

Il est intéressant de constater que les essais d'explication que les poètes ont donnés du caractère de Don Juan correspondent en réalité à ceux des psychanalystes, à la différence près que les poètes ont essayé de présenter les résultats de leur explication comme un thème entièrement nouveau. En faisant cette étude, nous voyons comment les poètes se sont imaginé l'*évolution* de ce caractère qui est entré tout fait dans la littérature. Nous y gagnons bien l'impression qu'ils sont arrivés à cette explication en suivant le même chemin qu'avait déjà pris le premier poète de Don Juan, c'est-à-dire qu'ils ont intuitivement essayé de deviner les mobiles psychologiques qui l'animaient. Nous ne pouvons donc pas nous étonner si dans l'imagination prolifique des auteurs, par-ci par-là réapparaissent quelques débris erratiques des motifs primordiaux du Don Juan. On pourrait, en poursuivant cette étude en détail, établir des groupes de motifs auxquels pourraient facilement être appliqués les termes d'anamnestiques, d'étiologiques et de symptomatologiques. Ainsi nous rangerions parmi les ouvrages de type anamnestique la description détaillée de l'enfance de Don Juan telle que nous la trouvons dans les onze volumes du roman de Félicien Mallefille (1). Cet auteur prête à Don Juan enfant une imagination luxuriante et une vie amoureuse précoce pour laquelle l'amour n'offre bientôt plus de satisfactions suffisantes.

Comme prototype des ouvrages avec motif étiologique se place le poème de Byron. Là nous voyons le héros grandir sous l'influence d'une mère trop tendre et d'un père volage, même donjuanesque, dont les incartades sont rigoureusement notées par sa femme dans un « registre ». Cette identification avec le père trouve son expression poétique dans la première aventure amoureuse du héros, non encore initié sexuellement, avec une personne qui symbolise nettement la mère infidèle. Elle se continue aussi dans le sauvetage plus ou moins miraculeux du héros par des femmes amoureuses (2). Dans le *Don Juan Tenorio*, une tragédie de Julius Hart, nous trouvons un autre type de motif étiologique. Don Juan est déçu dans son premier amour et il est trahi. Holtei, en analysant les causes de la déception, remonte jusqu'à

(1) *Les Mémoires de Don Juan*, Paris, 1847.

(2) Il est à remarquer combien de traits antiques et primitifs réapparaissent dans cette idylle romantique. Ainsi par exemple le thème principal du 2e chant fameux, où est décrite une tempête sur mer, est le cannibalisme.

la première que Don Juan aurait eue à cause de sa mère, car il sait qu'il est le fruit d'une faute de sa mère. Cette déception se marque profondément dans son caractère. « Ce n'est pas parce que tu m'as révélé que je suis un bâtard que tu peux me demander de devenir un modèle de vertu. »

Le motif des parents dont nous venons de démontrer le rôle étiologique prête logiquement ses traits aussi à la symptomatologie. Que devient le fils de tels parents? Le comte de Gobineau, dans son drame de jeunesse, *Les adieux de Don Juan*, Paris, 1844, s'appuyant sur le poème de Byron, met en scène une mère qui, trop tendre pour son fils, le gâte. Conduit par son analyse rigoureuse, Gobineau fait naître la première passion de Don Juan, d'une sensualité brutale, pour Donna Claudia la jolie femme de son frère Don Sancho, pauvrement doué par la nature pour l'amour. A la suite de cette aventure amoureuse tragique, Don Juan est obligé de quitter la maison paternelle et de satisfaire au loin son désir d'amour. Nous retrouvons le même motif se rattachant aux temps anciens, c'est-à-dire le héros cherchant à conquérir la femme de son frère, aussi chez Dumas. Plus tard, Alfred Friedmann a bâti son drame : *Don Juans letztes Abenteuer*, Leipzig, 1881, sur le même motif. Ce motif date du temps où la femme appartenait au clan. Il trouve son écho chez Mozart dans la possession commune de la même femme par le maître et le valet. Dans la présentation de Don Juan vieilli, par le suédois Almquist (1), ce même motif réapparaît sous sa forme primitive. On nous montre comment le jeune fils de Don Juan est privé du bonheur de l'amour. Quatre fois son cœur l'attire vers de jolies filles et chacune se révèle être une fille de Don Juan. Amèrement déçu, Ramido fuit ses sœurs aimées. Dans le même sens du talion antique, se présente à nous une tragédie romantique de Paul Heyse (*La fin de Don Juan*, Berlin, 1883), où Don Juan déjà vieux est le rival en amour de son propre fils.

A mesure que le sujet de Don Juan vieillit, les poètes

(1) Ramido Marinesco, Stockholm, 1845.

semblent aussi de plus en plus s'intéresser au vieillissement du personnage même de Don Juan. En se posant un problème psychologique de cet ordre, les auteurs admettent implicitement une certaine dégradation du sujet. Elle se manifeste de plus en plus par l'évanouissement des traits héroïques qui sont remplacés par des traits simplement humains. Elle va même jusqu'à un comique involontaire et en dernier lieu se termine dans une caricature voulue du héros.

Tous ces ouvrages, bien entendu, appartiennent au XIXe et au XXe siècle. Heckel, qui a étudié la question, écrit (p. 14 et suiv.) : « Une époque naïve, ayant peu le goût des subtilités psychologiques, ne se sentait aucune disposition à se poser la question : « Que deviendra Don Juan quand il sera vieux ? » Théophile Gautier, dans sa *Comédie de la mort*, Paris, 1838, a été le premier à évoquer du tombeau l'ombre de Don Juan vieilli. Le viveur décomposé, avec ses faux cheveux, ses fausses dents, son corps affaibli, regrette sa jeunesse dilapidée dans la sensualité. Pas très différent de lui est le Don Juan du Portugais Guerra Junqueiro. Le *Don Juan barbon*, dans une pièce en un acte de Gustave Levasseur, est presque vaudevillesque. La goutte et le rhumatisme le clouent au lit. Lui, autrefois le favori des femmes, est obligé de subir la loi du talion et de voir comment Don Sancho, son élève par trop habile, le trompe avec sa femme et séduit sa fille. Quand enfin, l'épée à la main, Don Juan veut défendre son honneur, il est tué par son rival plus fort que lui. Jules Viard (1) cloue le séducteur vieilli au pilori du ridicule. De l'amour il ne peut plus avoir que celui qu'on peut acheter. Une tentative de séduction sur la fiancée de son fils échoue piteusement. Son fils l'emporte sur lui, et tout ce qu'il gagne est d'être mis à la porte par sa femme et son fils.

Nous voyons donc que le sujet du Don Juan vieillissant se réduit à la paternité du héros et aux rapports troublés qu'il a avec ses enfants. Mais les traits bourgeois poussés parfois jusqu'au ridicule ne manquent pas

(1) *La vieillesse de Don Juan* (Paris, 1853).

de psychologie profonde. On peut alors dans ces traits reconnaître comment de nos jours se manifeste l'antique sentiment tragique de culpabilité, sous forme de vengeance, de sanction, réapparaissant dans la deuxième génération. Cette déchéance, cet abaissement du problème de la culpabilité et du châtiment — chez Lavedan (1), le héros meurt même de paralysie générale — montrent avec évidence que, même au point de vue psychologique, le problème a atteint une limite de présentation qu'on ne peut plus dépasser, de crainte qu'on ne fasse ce pas dangereux qui conduit du sublime au ridicule. Il serait oiseux d'apporter des exemples. Il faudrait citer presque toute la mauvaise littérature sur Don Juan et elle est riche, car jusqu'à présent aucun auteur n'a pu maîtriser complètement ce sujet.

Partant, il est intéressant de suivre une nouvelle évolution du sujet qui tend à l'avilissement *voulu* du héros et trouve son point culminant dans l'ironie. Le rôle de témoin satirique, dévolu jusqu'à présent au domestique, est attribué au maître lui-même. Déjà, dans les pièces populaires allemandes du XVIIIe siècle, dont une seule est parvenue jusqu'à nous (2), un comique assez brutal a été l'élément prépondérant derrière lequel les scènes sérieuses venaient au deuxième plan. Le théâtre des Marionnettes s'inspirait du même modèle. Les pièces qu'on y jouait contenaient surtout les farces grossières d'Arlequin ou de Polichinelle qui joue le rôle du valet de Don Juan. *Le Burlador,* auparavant le héros, est devenu burlesque en prenant les traits de son ancien partenaire Leporello. Il s'agit évidemment dans ces pièces d'établir le contre-pied des scènes horribles d'assassinat et de punition comme elles pullulaient dans les mélodrames du XVIIIe siècle. Jusqu'en 1772 on jouait

(1) *Le Marquis de Priola,* Paris, 1902. — Il est à remarquer que c'est précisément en France depuis Molière que le héros a été rapetissé aux dimensions du Trop Humain, tandis que dans la rigide Angleterre même le *Don Juan* de Byron a été refusé, et que ce sujet honni n'a été avant, ou après, traité que sous une forme caricaturale.

(2) Les matelots de Laufen ont joué une pièce intitulée *Don Juan,* comédie en 4 actes, écrite par Mr Beter Metastasia, poète impérial et royal de la Cour.

régulièrement à Vienne, dans la première semaine de novembre, une pièce intitulée *Don Juan ou le convive de pierre*, dont nous ne savons rien de précis (Heckel, p. 18). En Espagne on joue encore aujourd'hui tous les ans, du 1er au 15 novembre, dans tous les théâtres du pays, la fameuse pièce de Zorilla, *Don Juan Tenorio*. La description du festin que le Commandeur offre à Don Juan dans le caveau de la famille Tenorio, où des serpents, des os, du feu décorent la table et où la cendre et le feu sont offerts comme aliments et comme boisson, a quelque chose de repoussant pour notre sensibilité. On supporte encore moins que les ombres et les squelettes des victimes de Don Juan peuplent dans cette scène le cimetière et attaquent à la fin le héros (Heckel, p. 58). Dans cette scène de spectres d'un goût douteux, nous voyons revenir l'idée de la croyance primitive à l'âme. Correspondant aussi à un sentiment très vif de culpabilité, le caractère du héros est peint sous les couleurs les plus noires. Il apparaît comme un criminel, n'ayant aucun scrupule de conscience, qui s'est fait confectionner des ustensiles de table avec les os de ceux qui, par sa faute, ont perdu la vie.

A cette occasion nous voyons paraître un motif primitif peut-être, mais nouveau dans sa forme sentimentale que nous pouvons suivre jusque dans les ouvrages les plus récents. A côté des ombres des hommes tués qui, dans le sens antique de la croyance à l'âme, représentent la conscience, paraissent maintenant aussi les ombres des femmes sacrifiées par Don Juan qui, selon notre interprétation analytique, symbolisent l'âme persécutrice et vengeresse (1). Cette effémination de la conscience marche de pair avec les éléments de farce et d'ironie. Ainsi, dans le poème de Lenau, d'un style grave partout ailleurs, nous voyons au dernier repas de Don Juan apparaître la troupe des femmes délaissées qui viennent même avec leurs *enfants*, sous la conduite de Don Pedro, pour se venger de leur séducteur. Pareillement, dans une poésie

(1) Cf. aussi H. R. Lenormand, *L'Homme et ses fantômes*, Paris, 1925.

de Baudelaire (*Don Juan aux Enfers*), s'élèvent les voix accusatrices de ses victimes qui lui montrent « leurs seins pendants et leurs robes ouvertes ». Le vieux père montre en tremblant aux mortes le fils maudit qui a insulté ses cheveux blancs. « Sganarelle en riant lui réclamait ses gages. » Dans le drame de Rittner, où la conscience du héros le livre au domestique trahi, qui poignarde Don Juan sans défense, se groupent autour du cadavre, comme dans un rêve, les victimes attirées par une force mystérieuse. Son frère, un professeur d'un esprit terre à terre, fait renvoyer de la salle ces femmes. Une seule, la dernière maîtresse de Don Juan, la femme de Leporello, reste. Elle baise les lèvres du mort, et saisie de joie et d'horreur, elle s'écrie : « Il m'a rendu mon baiser. »

L'élément burlesque, tel que le théâtre des Marionnettes nous le fait connaître, prend une valeur particulière dans un drame de Friedmann. Probablement pour démontrer l'identité de son héros avec le Don Juan traditionnel, l'auteur met dans la bouche de Don Juan et de Leporello le récit des aventures dont il est question dans les drames les plus connus de Don Juan. Ainsi Leporello fait la réflexion suivante : « Que sont devenues toutes ces Anna, Elvira, Zerline, les Commandeur, les Masetto et toutes les marionnettes que nous avons fait danser avec les fils de nos passions sur ce théâtre des Marionnettes qui était un jour notre jeunesse ? » Et Don Juan de lui répondre sur un ton élégiaque : « Des pères de famille, Leporello, des grosses femmes, Leporello, des grand-mères qui bercent leurs petits-enfants sur leurs genoux vacillants. Des festins pour des sociétés de vers qui se sont invités mutuellement à ce repas » (Heckel, p. 133). Dans un *Don Juan* de Bernhardi (Berlin, 1903), le héros, en s'avilissant encore davantage, nous paraît comme acteur jouant son propre rôle de Don Juan peu avant qu'il ne retourne, à la fin de la pièce, dans sa patrie. Nous sommes un jour de foire. Une troupe d'acteurs ambulants joue une pièce tout à fait nouvelle : *Les aventures de Don Juan*. Quand l'héroïne doit paraître en scène, il se fait une pause que l'acteur veut escamoter par des farces de son invention. Mais elles n'amusent pas le public qui commence à donner des signes d'impatience. Là-dessus le directeur de la troupe paraît pour faire une annonce surprenante devant le public : le modèle du héros, le véritable Don Juan, a assisté inconnu au spectacle. Pendant l'entr'acte, il a séduit l'actrice et s'est sauvé avec elle. Se fiant à l'infidélité de Don Juan, l'entreprenant homme de théâtre invite le public à assister à la répétition de la comédie pour faire la connaissance d'une actrice qui par ses rapports avec l'amoureux chevalier Don Juan mérite un intérêt tout particulier et pour assister à l'enlèvement d'Esméralda, qui se jouera sur le théâtre (*l. c.*, p. 103).

Bien plus loin que dans ces deux dernières pièces a été poussé l'avilissement voulu de Don Juan, dans le poème dramatique posthume d'Edmond Rostand, intitulé : *La dernière nuit de Don Juan.* Publiée à Paris en 1921, cette pièce a été représentée au théâtre de la Porte-Saint-Martin pour la première fois au printemps de 1922. Les fameuses « mille et trois », maintenant des ombres, sortent de l'Enfer, conduites par Satan, pour peser sur la conscience du viveur. Son châtiment, on dirait une ironie de Shaw, consiste en ce qu'il n'ira pas au grand Enfer, mais seulement dans un petit Enfer construit en toile peinte, c'est-à-dire un théâtre de Marionnettes où, en qualité de Guignol, il jouera éternellement dans les pièces d'adultère, tandis que sa fierté héroïque eût mérité le feu de l'Enfer, que la littérature lui attribue généreusement. Don Juan, conscient de sa gloire, se rend parfaitement compte des égards qu'il doit à sa mauvaise renommée et à toutes les traditions que la littérature a recueillies sur son compte. Le poète, voulant le marquer comme Épigone ou Ombre du véritable Don Juan, l'a dessiné intentionnellement avec des traits quelque peu irréels. Le prologue du drame commence par la scène avec laquelle généralement les tragédies de Don Juan finissent. Le Commandeur descend aux Enfers, Don Juan le suit pensif, murmurant sur chaque marche le nom d'une nouvelle femme. Le vengeur de pierre est saisi d'admiration devant une telle grandeur d'âme et voudrait lui pardonner. Mais une main géante sort des abîmes et tend les doigts vers le condamné. C'est le Diable. Railleur, Don Juan lui demande encore dix années de délai pour pouvoir continuer sa vie (1).

La pièce se continue après ce délai de dix ans, à Venise, où le héros, échappé à l'Enfer, a continué sa vie de débauches. Arrive un montreur de Marionnettes, qui présente une comédie bizarre : Polichinelle parodie le fameux séducteur Don Juan, qui plaisante avec les Marionnettes et leur montre son art de vivre lui permettant de mépriser même le Diable. La marionnette le défie de continuer, et fait avec lui un pari et Don Juan tape dans la main de bois. Là-dessus le montreur de Marionnettes se fait reconnaître comme le Diable venu pour chercher sa victime. Mais Don Juan l'invite à un festin opulent pendant lequel il lui montre fièrement la liste de ses victimes. Satan déchire la liste en morceaux, qui, tombés dans la lagune, se transforment en sombres gondoles. De ces gondoles sortent les ombres des mille et trois victimes délaissées, qui entourent Don Juan de leurs cercles de plus en plus étroits. Le Diable, jouant le rôle de la conscience de Don Juan, le soumet à une épreuve qui consiste à reconnaître l'âme de la femme d'après quelques mots qu'elle chuchote. Mais comme il n'a jamais connu autre chose d'elles que leur corps, Don Juan échoue dans cette épreuve. Et maintenant se développe un long dialogue, d'une grandeur pathétique, entre l'accusé qui commence à perdre de sa superbe et les ombres qui, lentement et implacablement, détruisent en lui une illusion après l'autre. Don Juan n'a connu que des masques. Les femmes lui ont toujours menti et c'est lui-même qui a voulu ce mensonge, car la femme paraît à l'homme telle qu'il la désire. Ces vengeresses lui font voir combien piteux étaient ses artifices de séduction dont il se faisait tant de gloire. Ce sont les femmes qui l'ont conquis, et s'il les a délaissées c'était par sa peur inavouée de devoir rester fidèle. A la fin paraît une

(1) Nous trouvons la magnanimité du Commandeur, mais sans aucune arrière-pensée d'ironie, déjà chez Zorilla.

ombre blanche avec une larme de pitié dans les yeux, versée par une seule d'entre elles sur la peine de l'homme qui, jamais assouvi, a toujours dû chercher du nouveau. Cette ombre blanche, symbole de l'idéal, émanation de toutes les autres ombres, était dans chacune des femmes que Don Juan a connues et qu'avec un peu d'amour il aurait facilement pu trouver. Mais il a laissé passer cette occasion et maintenant il doit souffrir de la stérilité de ses passions.

Ce type de Don Juan volontairement amenuisé, dépouillé par le dramaturge, perd le dernier lambeau de son caractère héroïque. L'audacieux séducteur capitule ainsi devant des souvenirs sentimentaux qui inquiètent sa conscience. Vraiment c'est la dernière nuit de Don Juan et c'est aussi sa fin dans la littérature.

Otto Rank
Bio-bibliographie

22 avril 1884 Naissance à Vienne. Né O. Rosenfeld il prit le nom de Rank en 1901.

1906-1907 Il rencontre Freud et publie sa première œuvre : *Der Künstler* (L'artiste). 1 vol.

1909 *Der Mythus der Geburt des Heldens* (Le Mythe de la naissance du Héros). 1 vol. Trad. anglaise 1914. Freud contribua au chapitre sur le roman familial.

1910-1915 Secrétaire de la Société Psychanalytique de Vienne.

1911 *Die Lohengrin Sage* (La légende de Lohengrin).

1912 Doctorat en Philosophie de l'Université de Vienne. *Das Inzest-Motiv in Dichtung und Sage* (Le thème de l'inceste dans la poésie et la légende). 1 vol. Trad. française 1934. Fonde avec Sachs le journal *Imago.*

1913 Publie avec Sachs : *Die Bedeutung der Psychoanalyse für die Geisteswissenschaften* (L'importance de la psychanalyse pour les sciences humaines). Édite avec Jones et Ferenczi l'*Internationale Zeitschrift für Psychoanalyse,* dont il fut le seul éditeur de 1921 à 1924.

1914 Contribue à la 4e édition de la *Science des Rêves* de Freud. Publie *Der Doppelgänger* (Le Double). *Imago,* 3-97-164.

1916 Mobilisé en Pologne, il devient éditeur du journal de l'Armée Autrichienne.

1918 Mariage. Son épouse deviendra psychanalyste d'enfant, et restera fidèle à l'enseignement freudien. Elle émigrera à Boston où elle dirigera un centre de Guidance Infantile.

1920 Congrès de la Haye ; réorganisation du Comité dont Rank deviendra le secrétaire. Il commence à pratiquer la psychanalyse. Début de son amitié pour Ferenczi.

1923 Publie en collaboration avec Ferenczi : *Entwicklungsziele der Psychoanalyse* (Le développement de la psychanalyse). Début des premières divergences avec Freud.

1924 *Das Trauma der Geburt* (Le Traumatisme de la naissance). Trad. française en 1928.
Marqua le début de la rupture avec la psychanalyse.

Avril 1924-Mai 1925 Premier voyage aux U.S.A. Il dirige un séminaire à New York, fait des conférences et échange avec Freud une correspondance. Il prend son autonomie.

1926-1934 Il partage son temps entre Paris et les U.S.A., organisant des séminaires à New York, Boston, Philadelphie et Paris. Il écrit alors une œuvre qui l'éloigne des conceptions psychanalytiques. *Technik der Psychoanalyse* (Technique psychanalytique). I. *Die Analytische Situation* (1926) (La situation analytique). II. *Die Analytische Reaktion* (1929) (La réaction analytique). III. *Die Analyse des Analytikers* (1931) (L'Analyse des analystes). *Grundzüge einer Genetischen Psychologie auf Grund der Psychoanalyse der Ich-Strucktur* (Éléments pour une Psychologie Génétique sur la base d'une Psychanalyse de la structure du Moi). I. *Genetische Psychologie* (1927) (Psychologie Génétique). II. *Gestaltung und Ausdruck der Persönlichkeit* (1928) (Formation et Expression de la Personnalité). III. *Wahrheit und Wirklichkeit* (1929). (Traduit en français en 1934 : Au-delà du Freudisme, la Volonté du Bonheur).

1932 *Don Juan, une étude sur le Double.* Traduction d'une nouvelle version dans laquelle il rassemble l'*Étude sur le Double* de 1914 et le *Personnage de Don Juan* de 1922.
Art and the Artist. Creative urge and Personality Development. 1 vol. (L'Art et l'Artiste. Créativité et Développement de la Personnalité).

1934 Il émigre à New York et fait un travail d'enseignement auprès de travailleurs sociaux et de psychiatres, s'intéressant au développement de l'enfant et à l'éducation.

Août 1938 Séparé de sa femme depuis 1936, il divorce et se remarie en 1939.

31 Octobre 1939 Décès à New York.

Table des matières

Petite Bibliothèque Payot / nouvelle présentation

Sigmund Freud
Cinq leçons sur la psychanalyse, *suivi de* Contribution à l'histoire du mouvement psychanalytique/**1**

Marthe Robert
La Révolution psychanalytique. La vie et l'œuvre de Freud/**2**

John Kenneth Galbraith, La crise économique de 1929/**3**

Blandine Barret-Kriegel, L'État et les esclaves/**4**

Gérard Mendel, Pour décoloniser l'enfant/**5**

Johan Huizinga, L'automne du Moyen Age/**6**

Paul Diel, Le symbolisme dans la mythologie grecque/**7**

Jean-Paul Aron, Le mangeur du XIXe siècle/**8**

Sigmund Freud, Totem et tabou/**9**

Léon Chertok, L'hypnose/**10**

Sigmund Freud, Psychopathologie de la vie quotidienne/**11**

G. G. Scholem, La Kabbale et sa symbolique/**12**

Marcel Mauss, Manuel d'ethnographie/**13**

Sigmund Freud, Essais de psychanalyse/**14**

Sigmund Freud, Introduction à la psychanalyse/**15**

Eric Fromm, Le langage oublié/**16**

Mélanie Klein/Joan Riviere, L'amour et la haine/**17**

François Rivenc, Introduction à la logique/**18**

Paul Diel, Le symbolisme dans la Bible/**19**

Paul Diel, Education et rééducation/**20**

Commission « Efficacité de l'Etat » du Xe Plan présidée par **François de Closets.** Le pari de la responsabilité/**21**

Otto Rank, Le traumatisme de la naissance/**22**

Otto Rank, Don Juan et Le double/**23**

Ouvrage imprimé sur presse CAMERON,
dans les ateliers de la S.E.P.C.
à Saint-Amand-Montrond (Cher)
en septembre 1992

ISBN 2-228-88249-6

— N° d'impression : 1786. —
Dépôt légal : septembre 1992.

Imprimé en France